中央高校教育教学改革基金(本科教学工程)资助项目(2019G34)

户外运动史

HUWAI YUNDONG SHI

董 范　游茂林　**主 编**

李 伦　何鹏飞　张毅恒　**副主编**

图书在版编目(CIP)数据

户外运动史/董范,游茂林主编.—武汉:中国地质大学出版社,2020.8
ISBN 978-7-5625-4818-8

Ⅰ.①户…
Ⅱ.①董…②游…
Ⅲ.①体育锻炼-体育运动史-研究-中国
Ⅳ.①G812.9

中国版本图书馆 CIP 数据核字(2020)第 123886 号

户外运动史	董 范　游茂林　**主　编**
	李 伦　何鹏飞　张毅恒　**副主编**

责任编辑:韦有福	策划编辑:毕克成　韦有福　段连秀	责任校对:徐蕾蕾

出版发行:中国地质大学出版社(武汉市洪山区鲁磨路388号)	邮政编码:430074
电　　话:(027)67883511　　传　真:(027)67883580	E-mail:cbb@cug.edu.cn
经　　销:全国新华书店	http://cugp.cug.edu.cn
开本:787 毫米×960 毫米 1/16	字数:210 千字　印张:10.75
版次:2020 年 8 月第 1 版	印次:2020 年 8 月第 1 次印刷
印刷:荆州鸿盛印务有限公司	

ISBN 978-7-5625-4818-8	定价:30.00 元

如有印装质量问题请与印刷厂联系调换

户外运动专业教学训练系列教程

编委会

主任委员：王焰新　李致新

副主任委员：赖旭龙　王勇峰　吕万刚　张志坚
　　　　　　周建伟　董　范　庞　岚

委　　员：次　落　毕克成　冯　岩　牛小洪
　　　　　　刘华荣　黄　静　李　伦　代新华
　　　　　　刘良辉　董　利　李　元　黄江华
　　　　　　陈　刚　杨　华　邓焰峰　马欣祥
　　　　　　罗　申　游茂林

策划编辑：毕克成　韦有福　段连秀

总序1

  户外运动教学是以户外运动项目群所共有的基本知识、技术、技能为主要教学内容,以培养学生参与户外运动及相关竞赛所具有的身体素质、心理品质和适应能力为主要教学目的,帮助学生形成完满人格、全面提高综合素质的系列体育课程,对促进学生成长成才具有独特的、不可替代的重要作用。

  户外运动课程系列教材付梓出版,我由衷地感到高兴。这是近半个世纪来,我校体育教师科研团队在董范教授的带领下,在特色体育教育教学领域中取得的最新科学研究成果。这一系列教材的出版,将有助于更多有志于从事户外运动的人士分享我校特色体育教学和科研成果,促进户外运动教学培训进一步规范高效发展。

  自建校以来,我校就以特色体育为方向,充分发挥学科专业优势,不断拓展体育教育的内容和途径。2012 年 5 月 19 日 8 时 16 分,我校大学生登山队成功地从北坡登上海拔 8 844.43m 的珠穆朗玛峰顶峰,成为登上世界最高峰的首支中国大学生登山队,其中我校 2011 级户外运动专业硕士研究生陈晨成为全国第一位登顶珠峰的在校女大学生。当晚,校友、时任国务院总理温家宝向学校表示热烈祝贺,并指出:"这给我们一个重要的启示,那就是只要不畏艰苦和挫折,就一定能够达到光辉的顶点,这应该是我们的传统。"2013 年 5 月 4 日,在"实现中国梦、青春勇担当"主题团日座谈会上,陈晨同学作为全国大学生代表,畅谈了她 2012 年登顶珠峰的体会,受到习近平总书记的勉励和肯定。2012 年 9

月,我校承办了中国登山协会主办的"中日韩三国大学生登山交流活动",在亚洲户外运动界产生了巨大的反响,进一步促进了我校户外运动的国际影响力。

从20世纪80年代开始,我校就把登山训练引入到课堂教学,把登山的基本技术——攀岩,确定为学校体育必修课教学项目;20世纪90年代中期,又在国内首创了集体育学、地理学、管理学、气象学、医学等学科为一体的野外生存体验课,引入了智力与体力相结合的体育项目——定向越野。随后,又率先在国内开设了"户外运动"普修课。2005年开始招收全国第一届社会体育专业(户外运动方向)本科生,由此而成为了全国高校户外运动课程和登山户外运动专门人才的"发源地"。经过我校体育教师多年的教学实践、研究与积累,户外运动的教学内容、方法、手段以及组织形式不断完善,逐渐形成了一整套较科学系统的"课内课外相结合"的教学模式和较全面、丰富、前沿的教学内容体系,得到了社会各界的广泛认同。2012年我校体育课部董范教授主持申报,杨汉、刘华荣、牛小洪、冯岩等骨干教师参与的"坚持特色教育,培养拔尖人才——创建登山户外运动教育教学体系的理论与实践"项目荣获湖北省教学成果一等奖。60多年来,我校先后有1万多名学生接受了各类登山户外运动训练,向国家登山队、攀岩队输送了多名高水平专业运动员,王富洲、李致新、王勇峰、次落就是其中的杰出代表。

户外运动的发展急需完善的人才培养体系提供理论支撑。面对社会的迫切需求,我校体育教师结合多年来开展户外运动教学的经验和科研积累,编写了一套面向户外运动相关专业的应用型教材。本系列教材内容丰富而系统,涉及户外运动教学的各个方面,具有如下鲜明的教学与实践特征:

(1)体系完整。本系列教材系统地总结了我校长期开展户外运动教学与实践积累的经验,吸收了近些年开展户外运动教学、实践与科研取得的最新成果，深入剖析了各户外运动项目之间的知识结构，并进行了有机组合，整个结构体系十分完整。

（2）内容丰富。本系列教材涵盖户外运动下辖的登山、攀岩、野外生存、定向越野、拓展训练等项目课程，内容涉及户外运动教学、训练、活动与赛事组织、营销等各个方面，教材中的很多内容都是我校优秀体育教师对多年教学、训练、实践成果的经验积累，具有较强的借鉴价值。

（3）注重实践。本系列教材在阐述基本理论的基础上，特别注重学生实践技术与技能的培养和锻炼，力求做到不断强化学生的思维能力、动手能力以及创造性解决问题的能力，促进学生理论知识水平和实践操作能力的全面提高，教学实践操作性强。

对从事户外运动教学、实践、训练与科研的高校教师、研究生、本科生而言，本系列教材均有重要的学习指导价值。希望本系列教材的编写能够成为我国更多高水平、高质量的户外运动教材或专业书籍出版的起点，能吸引更多专业人士参与户外运动的科学研究，为促进我国户外运动事业科学、健康、快速发展做出更大的贡献！

中国地质大学（武汉）校长

2013 年 6 月

总序2

欣闻中国地质大学(武汉)编写出版户外运动系列配套教材,谨致热烈祝贺。

户外运动是一项新兴的体育运动,是人们休闲娱乐的重要方式。随着我国经济社会的发展,特别是人民生活水平的提高,人们对高质量、有品味、有个性的生活和休闲娱乐方式越来越看重,并一直在努力追寻。户外运动作为一种愉悦身心、锻炼自我、亲近自然的生活方式受到广大群众的青睐。此项运动在全国发展十分迅猛,据了解,目前我国户外运动活动组织形式多达几十种,各类户外运动俱乐部有700余家,每年参与户外运动人数超过5 000万人,已逐渐形成了装备制造与销售、竞赛表演、培训服务等市场,有效刺激了户外运动装备、户外运动服务、户外运动赛事,甚至是旅游等相关产业的发展,成为全民健身运动的重要组成部分和经济社会协调发展的重要促进力量,很好地推动了资源节约型和环境友好型社会的建设,传达了积极健康的生活方式和文明行为观念,为增进人与自然的协调发展和社会的和谐开拓了有效的空间。

促进户外运动健康有序地发展,是全社会非常关注的事情。中国地质大学(武汉)作为以地球科学为主要特色的重点大学,为我国的登山和户外运动发展做出了卓越的贡献,积累了丰富的成功经验。学校深知该项运动发展离不开高素质专业人才的培育,非常注重规范科学的教材建设,努力改变当前教材和教育教学与蓬勃开展的户外运动及其教育不相适应的状况。多年来,学校一直在酝酿编写户外运动规范教材,总结户外运动实践经验,不断提高户外运动教育教学的针对性和有效性。经过多方面的努力,数易其稿,终于成就了本套系列教材。作者在教材的编写过程中,努力做到体育理论和运动实践的统一、人体运动科学和社会哲学的统一和理念战略和技术方法的统一,全方位、多层次、有重点地展示了户外运动的全貌,有利于广大读者和户外运动爱好者全面系统地掌握户外运动的基本内涵、重大意义、发展趋势、技术要领等知识和技能,从而推动户外运动健康有序地发展。可以说本教材既是开展户外运动教育的好教材,也是广大运动爱好者的理想读物,既有较强的针对性和时效性,又有严谨的科学性和较强的趣味性。

　　与天浮游、幕天席地是古人笃定的最为旷达的生活方式。"天地与我并生,万物与我为一"。处在现代化和都市化进程的人们,在繁缛的生活中向往着奔赴自然。户外运动成为了人们锻炼身体、适意生活、亲近自然、回归自我、愉悦身心的重要方式。而教材的编写和出版发行,必将更大地推动该项运动的科学开展及其理念的普及,推进其大众化、规范化、科学化、系统化。

　　最后,衷心希望本套教材对户外运动及其教学发挥重要的作用,也希望本套教材不断完备,臻于至善,为我国户外运动的科学发展做出积极的贡献。

国家体育总局登山运动管理中心主任
中国登山协会常务副主席
2009 年 9 月

前言

户外运动是由人类早期的生产生活方式逐渐演变成的一种风靡全球的体育活动,它的起源较早,但盛行较晚,即使在欧美发达国家,广泛开展户外运动也是从第二次世界大战以后开始的,这主要缘于参加户外运动需要较多的时间和资金投入,以及一定的专业技能,所以在相当长的一段时间里,户外运动只是少数人参加的"贵族"运动。

随着全球社会和经济的发展,越来越多的人具备了参加户外运动的时间和经济实力,而且城市化给人们带来的生活与生存压力,促使很多人希望更多地体验自然和释放压力,户外运动正好迎合了现代人的内心需求。同时得益于现代科技进步、户外运动装备和保障水平不断提高,参加户外运动的风险得到了控制,人们可以更加安全地参加户外运动。因此,攀登雪山、滑雪、漂流等户外运动已经成为大众旅游项目。现在户外运动几乎无处不在,可谓哪里险、哪里难、哪里刺激、哪里亲近自然,哪里就有户外运动。

庞大的户外运动参与群体,已经为全球经济催生了一个价值数千亿美元的庞大产业链,就连以前户外运动发展比较落后的我国,如今相关产值也已近千亿元,如我国贵州省就将户外运动作为经济发展的引擎之一。户外运动给社会经济发展注入的活力受到资本的青睐,投资户外运动被看作是21世纪七大最有价值的产业之一。在大众参与需要和社会、经济效益的多重刺激下,近年来全球户外运动快速发展,虽然产生了不错的社会和经济效益,但破坏环境和意外伤亡的事故时有发生。古人云:以史明鉴!我们需要理解户外运动,才能更好地参加和发展户外运动,所以要从历史的视角认知户外运动,树立合理的户外运动观。

当今全球环保意识日渐增强,在"绿水青山就是金山银山"理念的指导下,未来的人类生活将更加追求自然、环保和健康,这种全球性的风潮会引领越来越多的人参与户外运动,去体验大自然的博爱,所以全球户外运动参与者群体不断壮大,仅在中国每年参加户外运动的人数就已经过亿。生态环境是开展户外运动的前提条件,户外运动参与者只有深刻认识生态环境与户外运动的关系,从潜意识中建立环境保护意识,才能保证户外运动的可持续发展。

本书旨在系统梳理户外运动的发展历史,呈现户外运动的本质特征,引导大家合理认知和参加户外运动。首先,从理论上对户外运动内涵进行了深入解读;其次,介绍山地类户外运动、冰雪类户外运动、水域类户外运动、航空类户外运动、户外运动赛事与教育史、户外运动旅游等的发展;最后,对户外运动的发展趋势进行了分析。

在编写本书之前,团队成员已经出版了《户外运动学》《登山运动》《户外运动发展史研究》等著作,荣获"湖北省教学成果二等奖"和"武汉市第十四次社会科学优秀成果奖"。此外,中国地质大学(武汉)2005年开始招收社会体育指导与管理(户外运动方向)本科专业学生,2007年招收该方向硕士研究生,为此在人才培养过程中要求讲授户外运动项目的历史知识。笔者在前期的科学研究、课程建设、教材编写等工作中积累了大量户外运动史方面的文献资料,从而夯实了编写本书的知识基础。

本书由董范负责统筹规划与编撰整合,并合作撰写第一章;游茂林撰写第一章、第二章、第五章和第九章;李伦撰写第四章和第七章;张毅恒撰写第六章;何鹏飞撰写第三章和第八章;游茂林和张毅恒合作撰写第十章;杨勇、刘俊、黄婧、赵杰和林军参与了部分章节的编写。

由于笔者能力所限,本书存在不足在所难免,敬请专家及广大读者批评指正,我们将在后续工作中予以完善。

本书中采用的许多图片来源于网络,因无法与图片所有者取得联系,在此对他们表示诚挚的感谢,若涉及版权问题,敬请与笔者联系。

本书的编写和出版得到了中国地质大学(武汉)教务处、中国地质大学出版社的大力支持和帮助,在此深表感谢!

董　范

2019年12月于武汉

目 录

第一章 绪 论 ……………………………………………………………… (1)

 第一节 户外运动概述 ……………………………………………………… (1)

 第二节 户外运动的定义 …………………………………………………… (2)

 第三节 小 结 ……………………………………………………………… (4)

第二章 户外运动的起源 ……………………………………………………… (6)

 第一节 源自生活实践的户外运动 ………………………………………… (6)

 第二节 源自生产劳动的户外运动 ………………………………………… (8)

 第三节 源自军事活动的户外运动 ………………………………………… (8)

 第四节 源自科考活动的户外运动 ………………………………………… (10)

 第五节 小 结 ……………………………………………………………… (10)

第三章 山地类户外运动发展历史 …………………………………………… (11)

 第一节 山地类户外运动项目发展概述 …………………………………… (11)

 第二节 山地类户外运动项目的发展历程 ………………………………… (12)

第四章 冰雪类户外运动发展历史 …………………………………………… (44)

 第一节 冰雪类户外运动发展概述 ………………………………………… (44)

 第二节 冰上户外运动项目的发展历程 …………………………………… (45)

 第三节 雪上户外运动项目发展历程 ……………………………………… (59)

第五章 水域类户外运动发展历史 …………………………………………… (74)

 第一节 水域类户外运动发展概述 ………………………………………… (74)

 第二节 水域类户外运动项目的发展历程 ………………………………… (75)

第六章　航空类户外运动发展历史 ……………………………………（96）
第一节　航空类户外运动项目发展概述 ……………………………（96）
第二节　航空类户外运动发展历程 …………………………………（97）

第七章　户外运动赛事发展历史 ……………………………………（105）
第一节　户外运动赛事发展概述 ……………………………………（105）
第二节　陆地类户外运动赛事 ………………………………………（105）
第三节　水域类户外运动赛事 ………………………………………（107）
第四节　航空类户外运动赛事 ………………………………………（108）

第八章　户外运动教育发展历史 ……………………………………（109）
第一节　户外运动教育发展历程概述 ………………………………（109）
第二节　户外运动教育的发展历程 …………………………………（110）

第九章　户外运动旅游发展历史 ……………………………………（122）
第一节　户外运动旅游概述 …………………………………………（122）
第二节　户外运动旅游分类 …………………………………………（123）
第三节　户外运动旅游的发展 ………………………………………（125）
第四节　户外运动旅游的社会价值 …………………………………（128）

第十章　户外运动发展趋势 …………………………………………（129）
第一节　现代户外运动发展动态 ……………………………………（129）
第二节　户外运动助力社会发展 ……………………………………（131）
第三节　中国户外运动的发展 ………………………………………（133）

附录一　山地类户外运动项目发展情况表 …………………………（135）

附录二　冰雪类户外运动项目发展情况表 …………………………（137）

附录三　水域类户外运动项目发展情况表 …………………………（140）

附录四　航空类户外运动项目发展情况表 …………………………（142）

附录五　中国户外运动项目发展情况表 ……………………………（143）

主要参考文献 …………………………………………………………（145）

第一章

绪 论

本章要点

本章通过概述户外运动的基本特征,帮助大家认识什么是户外运动,并更好地理解当前户外运动的发展趋势,在此基础上建立基于历史视角的户外运动观,以及户外运动生成的历史背景(自然环境、探险和游憩属性)。

第一节 户外运动概述

工业化和城市化的发展,使人们渐渐远离自然,水泥和钢铁构筑的城市综合体导致人类心灵价值感缺失,越来越多的"驴友"放弃舒适的城市生活,背起行囊,奔赴沙漠、原始森林、高山、荒野等自然地域,冒着生命危险,去体验饥饿、严寒、缺氧、酷热等恶劣的环境,寻找自然给予的心灵慰藉。

这股风潮在全球年轻人中逐渐兴起,随之而来的是不断高发的意外伤害事故,甚至是死亡。美国国家伤害预防和控制中心(2008)的调查数据显示,2004年1月—2005年11月,美国共有212 708人在户外运动中受伤(Flores et al,2008)。据中国国家登山运动管理中心不完全统计,2001—2011年,中国登山户外运动事故中仅死亡就达220人(张樟,2012)。中国户外运动产业正以每年20%～30%的速度高速增长,越来越多的人参与其中,这也导致中国户外运动事故日益高企,很多人一听说户外运动就认为是高风险的体育活动。

置身于风险未知的自然环境,体味天人合一的融洽,在与自然的沟通中认知自我、抚慰心灵,即户外运动的积极社会服务功能很早就得到了认可。20世纪50年代,美国就制定了户外运动公共服务制度,推动普通民众积极参加户外运动。秉性积极的户外运动发展至当代,却因令人扼腕叹息的意外伤害事故损害了它的正面形象。人们在审视户外运动的同时也开始思考:什么是户外运动?这种困惑一直萦绕在户外运动爱好者的心头。

近年来，在商业因素的推动下，中国户外运动发展速度日渐迅猛。漂流、滑冰、滑雪、登山、拓展、野营等活动已经被开发为大众旅游项目，全国有漂流景区1 000多个，仅湖北省的漂流景区达90余个。

在商业利益的驱使下，经营者经常组织缺乏户外运动经验的新手参加充满危险的户外活动，最典型的案例是2009年5月与某登山探险公司签订协议的吴文宏在珠穆朗玛峰8 750m处因脑水肿死亡。登珠峰前，吴文宏仅登顶过海拔1 860m的黄山，随后在6 206m的启孜峰进行适应性训练，他基本不具备冲顶珠峰的登山能力和经验。

血淋淋的惨剧一再发生，不仅影响了人民群众正常参加户外运动的热情，也使大家对户外运动的认知产生偏见。其实，户外运动是人与自然和谐沟通的一种渠道，体验风险是户外运动的特性之一，但绝不等于冒着生命危险去参加户外活动。为了引起社会的广泛关注，在户外运动推广过程中出现的铤而走险事件只是表象，不能因此一概而论。大部分户外运动意外伤害事故发生在业余户外运动爱好者身上，而他们的行为并不代表广泛户外运动爱好者。

为了消除人们对户外运动的误解，一些学者提出用休闲运动、时尚运动、新兴运动等称谓户外运动，虽然在一定程度上能美化户外运动的形象，但换汤不换药的做法并不能改变人们对它的认知偏差。唯有坦诚面对，深度剖析什么是户外运动，将户外运动的本质特征透彻地展现出来，才能赢得大众的理解，才能为推动户外运动发展积攒社会力量。在当代户外运动发展过程中，帮助人民群众建立正确的户外运动观显得尤为重要。

在实践中，不少人疑惑：在室外篮球场打篮球是户外运动吗？这类项目满足了户外运动的两个表层含义：户外和运动。从这个层面上讲，在室外场地进行的篮球、足球、排球等项目无疑是户外运动。但此种景象与我们意识中的户外运动却相距甚远——阳光、微风、花草、雨露，和谐的自然和未知的风险；背包、冲锋衣、徒步靴，一身阳光的户外运动者。是的，户外运动不仅仅是在"屋外"参加"体育运动"这么简单，更重要的在于它是人融入自然、体验自然的身体活动，自然体验是户外运动的核心价值。

第二节　户外运动的定义

形式上的户外运动起源较早，几乎与人类历史相当（如在自然水域游泳、钓鱼等），但人们观念中的户外运动主要是指近代发端于欧美地区的那些独具魅力的探险型游憩活动，它们依托第二次世界大战后和平的社会环境，迅速成长为一种重要的休闲生活方式（Clawson，1985），带给人们的心灵抚慰是其他体育活动难以媲美的。这促使户外运动迅速大众化,并因此展现了它多元化的社会服务功能,逐渐孕育出多样化的户外运动形式。新生的户外运动项目或多或少地超出了传统观念的范畴,因此,什么是户外运动开始迷惑人们的认知。

"户外运动"一词译自"outdoor sports",最初是指竞技型户外运动,它是中国户外运动最初的主体面貌。随着户外运动教育、户外活动、户外游憩等多种户外运动形式在中国兴起,"户外运动"在试图统称所有相关项目的时候遇到了特质障碍。其实,国外对户外运动也并无统一称谓,而是采用不同的名字指称相应的户外运动形式。

20世纪90年代初,开始从北京、上海、广州等先发展起来的部分现代户外运动项目,主要通过外国人和归国华人进入中国。受中国经济社会发展水平所限,户外运动在很长一段时间里只是在城市生活的少数家境条件较好的年轻人的游戏。进入21世纪,中国有条件参加户外运动的人群迅速扩大,户外运动才开始在国内快速发展起来,参与者越来越多,为丰富我国大众休闲生活方式做出了积极贡献,但伴之而来的是不断发生的意外伤害事故,在血与泪的惨痛事实面前,甚至有人呼吁限制户外运动的开展(黄冲,2012)。合理认知户外运动是推动我国户外运动可持续发展的前提,也是保障"驴友"生命安全的有益举措。

户外运动的惊险刺激以及与自然的交融,是人们释放压力的好方式。随着社会的发展,生活压力渐增的现代人渴望心理减负,所以越来越多的人参与到户外运动中。但是很多业余户外运动参与者只是简单模仿他人行为,在不理解户外运动内涵的情况下盲目涉足,因此引起了一系列的社会问题,这使得我们不禁沉思:户外运动就是到野外开展带有冒险性质的体育活动吗?

关于什么是户外运动,国家体育总局登山运动管理中心多位专家发表了看法,例如栾开封(2002)认为,户外运动是特指在野外或在自然场地进行的与自然界紧密结合的新型体育运动;李致新(2003)将户外运动定义为一组以自然环境为场地(非专用场地)开展的带有探险性质或体验探险的体育项目群;张志坚(2003)认为户外运动是指在自然场地(非专用场地)开展的体育活动;马欣祥(2005)认为狭义的户外运动指那些在室外进行的,通过参与者的努力而使身心得到锻炼,同时更能贴近自然、感受自然的运动。2015年,马欣祥对户外运动的定义进行了再探讨,重新将其定义为"人们以人力或利用自然力,在基于自然的环境中开展的体育活动的统称"。

国外公认的户外运动概念出自《欧洲体育完全宪章》,认为户外运动是采用有挑战性的通过方式,以及要不断根据选择的特殊地形和主要风力、气候条件来调整和修改的挑战活动(王立平等,2012)。中国研究者的界定体现了自然环境、探险性和体育活动3个基本特征;《欧洲体育完全宪章》的概念突出了户外运动过程中人的能动性。随着社会的发展,户外运动本身也在不断地发生着变化。张恒(2006)指出,户外运动如今已经更多地体现出旅游休闲的特点。因此,户外运动的形式也越来越丰富,甚至诸如野外摄影和环保公益活动都可以称为户外运动。目前的户外运动概念尚未对自然环境的范畴和探险性的程度给予具体说明,这容易导致人们对户外运动产生认知偏差,造成户外运动爱好者发生意外伤害事故。

综合分析国内外有关户外运动的概念,可见户外运动本身是一种身体活动,自然环境是它运行的基本条件,风险性和游憩性是它的两个特质维度,通过这两个维度的强度变化可以对广义户外运动进行比较清晰的界定(图1-1)。

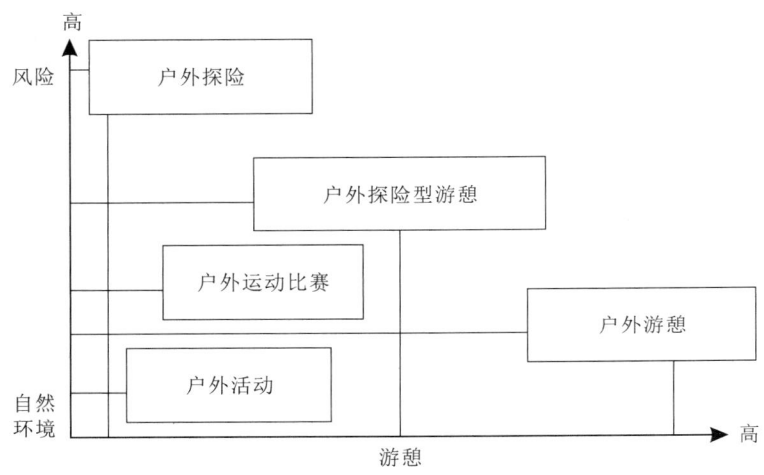

图1-1 户外运动的结构图

第三节 小　结

户外运动是以自然环境为基础开展的休闲活动(Napolitano,2007),所以"户外"不能简单地理解为"屋子外面",它实质上是指自然环境。参与者的主要目的不是获得运动体验,而是亲近自然、融入自然、创造性地应对突发自然风险的心理刺激,他们离开传统环境到自然界中体味自我和生命的意义(Ewert,1997),从而感悟自由和知觉自己的潜能,这是自然环境赋予户外运动无与伦比的魅力。追求自然体验是户外运动参与者的主要心理诉求,如果缺乏自然环境支持,自然体验就无从谈起,所以只能给人们带来运动体验的"类户外运动"就失去了户外运动的灵魂。同时户外运动与一般体育运动项目不同,它天然存在危险因素,在与自然风险的抗争中,人们认知自然、认知自我、发挥潜能,这种沁人肺腑的心理刺激是促使他们冒着生命危险参加户外运动的重要诱因(Bentley,2003),如果屏蔽风险,人们参加户外运动的愿望就会降低(Ewert,1997),所以户外运动爱好者的主要目的就是挑战困难和体验探险(李舒平,2009),这也是户外运动有别于一般体育运动的独特魅力。此外,促进身心健康是欧美国家从19世纪末期开始加强户外游憩建设的主要目的(王传伟等,2008)。人们在自然环境中开展带有一定刺激趣味的身体活动,在体验自然、感悟自然、挑战自我的过程中获得丰富体验,从而愉悦身心。因此,自然、探险和游憩是户外运动应备的三要素。我们由此可以发现,远古人扛着弓箭打猎,每天过着"野外生存生活",但他们的行为不是为了游憩,所以这类活动不是户外运动;人们在草地上放风筝,虽然充满游憩色彩,却没有探险成分,所以也不是户外运动。理想的户外运动应是参与者在自然环境中开展的带有探险性且以游憩为目的,风险自评可控、可承受的体育活动。

1. 谈谈你对户外运动的认识。
2. 简述户外运动的相关定义。

第二章

户外运动的起源

本章要点

户外运动的诞生与人类行为密切相连,主要来源于生活、生产、军事和科考等活动。后来,人们将这些活动中的一些方式进行改良利用,并借助科技手段,逐渐形成了当前在世界各地广泛开展的户外运动项目,在休闲、健身、教育、科研、军事、科技创新、管理培训等多个领域发挥着重要作用。

户外运动与人类的生活、生产密切相连,即使作为游憩方式的户外运动,依然能够从社会生活方式中寻踪觅迹,而且有些户外运动项目至今在某些地区或某些情境下仍然是生活或生产行为,例如钓鱼还是渔民的生产方式之一,许多科考工作人员和采矿工人还需要经常露营而居,所以我们发现户外运动的主要起源在生活、生产、军事和科考等领域。

第一节 源自生活实践的户外运动

社会的发展和人们生活水平的不断提高,促使大家越来越重视生活质量,而走向自然、体味自然的活动,能够让人们重新审视自我,并激发良好的生活热情,所以现代户外运动与人类的社会行为密切相关,不仅是社会经济发展的结果,而且受社会结构变迁的影响,许多原始的生活方式被现代人用于休闲健身。

譬如人类的先辈们过着风餐露宿的生活,借助洞穴、窝棚等躲避风雨和野兽,在没有掌握人工生火的时代,靠生吃野果或动物维生,后来才掌握保存自然火种和钻木取火的技术,具备吃熟食、取暖、照明的条件。远古时代人类的生活方式是一种日常行为,而现代人为了缓解压力,也尝试到大自然中体验这种原始的生活方式,这就是野外生存生活。他们到远离居民点的山区、丛林、荒漠、高原、孤岛等野外环境中去,在不完全依靠外部提供生存、生活物资的条件下,通过个人或集体的努力,保存生命、维持生活。世界著名野外生存专家贝尔·格里尔斯和埃德·斯塔福德已经向我们充分展示了野外生存生活的魅力。

由于人类生活经常进入野外,所以野外生存与生活技能在现代社会的许多方面发挥着作用,例如深入敌后的军队,在孤立无援的敌后战场保存战斗力,并完成作战任务,必须具备较强的利用当地自然条件维持生存的能力;淘金热期间,许多怀揣梦想的淘金客不远千里来到矿场,也只能利用当地有限的条件生存,所以矿产资源勘探与开采也要求矿工具备一定的野外生存能力;一些科考调查工作需要赴远洋、登高山、穿荒野,科考人员通常只能携带有限的物资,他们也需要掌握就地取材的生活技巧。由此可见,一旦人们需要在野外生活较长时间,吃、住、行等方面就要有效利用当地的自然资源。虽然生活条件艰苦,但可以近距离领略自然风光、思考人生的奥秘、荡涤内心的迷茫、磨炼意志等,所以野外生存生活逐渐被引入教育和休闲领域中,用来培养青少年的意志力和应对自然挑战的能力,并成为人们排忧解乏的重要方式。许多商家为了满足人们体验野外生存生活,开辟营地,支持人们获得野外生活的乐趣,吸引越来越多的人走进大自然。

跟人类生活生产方式联系较为密切的另一个户外运动项目是徒步运动。19世纪60年代,在尼泊尔兴起远足旅行。不过徒步并非单纯意义上的走路,而是指在徒步区域里主要靠步行去完成起点到终点的旅程,中间要穿越山岭、丛林、沙漠、雪原、溪流、峡谷等地域。现在我们将徒步作为一种户外运动项目,而在过去没有交通工具的时代,人类出行主要依靠步行攀爬、骑乘动物(如马、驴、牛等)、游泳和使用简单工具(如溜索、独木舟、羊皮筏等),徒步就是人们日常的通勤方式。我国历史上就有类似于徒步的故事,例如明末旅行家徐霞客被称作"驴友"祖师爷。

现在徒步穿越已成为许多城市居民的一项时尚运动,例如穿越美国的犹他州锡安国家公园、新西兰的汤加里罗北部环线、以色列的国家步道以及我国秦岭山区,早就成为经典的徒步线路。徒步运动的发展,为后来兴起的山地户外运动项目(如登山)奠定了基础。由于徒步运动融健身与观光旅游于一体,受到越来越多的人喜爱,而以徒步为主题的旅游业已经成为尼泊尔的支柱产业。

北方居民每到冬季,在一些气候比较寒冷的地区,就会遭遇大雪封山而出行困难,人们无法徒步前往目的地,但他们需要完成砍柴、狩猎、伐木、采摘、运输等日常活动,因而发明了一种能够在积雪上行动的工具,为此滑雪活动应运而生。人类滑雪的历史比较悠久,2005年中国新疆阿勒泰一位牧民在汗德尕特蒙古民族乡敦德布拉克发现一幅岩画,绘有4人尾随牛马等动物的图形,其中3人踩在一长条形物件上,手持一根长棍。经专家鉴定,画面所表现的是一组脚踏滑雪板,手持单杆滑雪杖的猎人,该年代可追溯至距今1万~3万年的旧石器时代晚期。最初的滑雪不能视为户外运动,它只是人类在特殊环境中的交通方式,主要体现为工具性、区域性和实用性。虽然现在滑雪依然是北方民族冬季出行的方式之一,但已经发展成为人们在冬季的一种休闲活动,许多南方人不远千里去体验滑雪,且有企业利用现代科技在南方制造室内滑雪场和模拟滑雪馆。

生活是人类进行发明创造的思想源泉,当现代生活给人类造成这样或那样的压力时,人们萌生返璞归真的愿望,将古代人类的一些生活方式转变成休闲娱乐的方式,产生了一项又一项广受欢迎的户外运动项目。

第二节 源自生产劳动的户外运动

生产劳动是人类社会存在和发展的基础,人们因此获得食物、水、住所、生活用品等各种维持生存的物质资料,所以生产劳动行为对人类活动方式产生了深刻影响,一些生产活动逐渐演化为户外运动项目。譬如捕猎和采摘,是远古人类获取食物的主要途径,即便在今日,人类也没有放弃捕猎行为,在澳大利亚、美国、俄罗斯等尚未禁猎的国家,还存在猎杀野猪等野生动物的活动,而现代捕猎活动,既是补充食物的手段,也是一种娱乐方式,我国不少旅游景区设置狩猎区,养殖鸡、猪、兔等动物供人猎杀。

临海而居的人们,需要"靠海吃海",除了用鱼钩、鱼叉、渔网等进行捕捞,他们还想获得深海和海底的物产。据史料记载,明代中国南海廉州(今广西合浦)、雷州(今广东海康)等地已经盛行"没水采珠"的生产活动。至今,在日本和东南亚地区,还流行不使用任何器材设备的自然潜水采集珍珠的方式。后来,潜水技术被引入军事活动,早在2800年前,米索不达亚文明全盛时期,阿兹里亚帝国的军队就采用羊皮袋充气,在水中攻击敌军,这也许就是潜水的原始起源了。随着潜水装备的发展,便携式的潜水设备可以帮助普通人较为容易地实现潜水,所以潜水成为一项大众户外运动项目,现在仅中国每年就有超过150万人次体验潜水活动。

大海并不总是风平浪静,渔民在海里需要与风浪抗争,例如澳大利亚土著人乘坐独木舟到海里捕鱼,常常呈现一叶扁舟在海浪间穿行的景象。据考证冲浪运动就是从木舟漂行演化而来的,这种活动受到了当地人的喜爱,捕鱼之余也将此作为玩乐方式,并将冲浪运动从澳大利亚传入欧洲和美国,而且1962年在澳大利亚曼利举办第一届世界冲浪锦标赛。冲浪现在是海滨地区的重要户外运动项目之一,目前全球大约有8 000万名冲浪爱好者和1 500万名冲浪运动员(刘宏玉,2015)。

第三节 源自军事活动的户外运动

战争是残酷的,经常要求军人具备不同寻常的野外生存能力,并能够在户外开展高强度作战行动。军事活动与自然环境密切关联,所以第二次世界大战后一些军事活动方式变成户外运动项目,例如目前比较流行的真人战争游戏(CS),要求参与者扮演不同的军人角色,身着各国军服或便服、佩戴护目镜等装备,手持以气体或电为动力的玩具枪支进行阵地攻防战、丛林遭遇战、拯救人质、保护政要、捉逃兵等模拟军事对抗的活动。大约在20世纪50年代,美国中西部牧场的牛仔们在管理牛群时,用压缩二氧化碳为动力的色弹枪,打到牲畜身上做记号。有了色弹枪,人可以不必冒险接近牲口,而且还不会伤害到牲畜。后来牛仔们在闲暇时间用色弹枪在农场里模拟战争场景互相射击,被打中的人则必须买一箱啤酒,胜者以示庆祝。这种"生存者"游戏是CS真人战争游戏的雏形。现在CS被广泛应用于军事演习、拓展训练、夏令营、综合素质培训、团队游玩等多个领域。

除了模拟战争场景,军事活动中的一些行为方式也在战后被人们用来娱乐,例如用舟筏漂行早就出现在爱斯基摩人、印第安人和古代中国人的历史中,但真正将漂流变成一项运动项目是在第二次世界大战后,一些美国士兵发现退役的充气橡皮艇被闲置废弃,为了打发无聊的退役生活,他们购置了一批充气橡皮艇作为漂流工具在科罗拉多河上自娱自乐。现在漂流已经成为夏季旅游的明星产品,有些知名漂流景区高峰期每天接待漂流游客的数量超过1万人次。

跳伞运动也来自军事活动,具有较早的历史,但直到飞机和折叠背包式降落伞的出现,伞兵成为空军的重要兵种,经常发挥"神兵天降"的出奇制胜作用,跳伞运动才开始推广。这是一项参与者穿戴降落伞,乘飞机等航空器或登上高塔,从高空跳下,借助空气动力和降落伞的保护,在指定区域安全着陆的极限体育运动,被誉为"勇敢者的运动"。现代跳伞运动的平台包括飞机、高塔、烟筒、热气球、悬崖等多种高空平台,一些极限运动爱好者还表演旋转、翻筋斗、转向、表演、传递接力棒等各种特技。

军事训练活动也引起了户外运动爱好者的兴趣,例如军队经常需要在广阔而崎岖不平的山地上行军,穿越陌生的森林,只能依靠地图、指南针、星星等辨别方向,选择道路和越野行进,所以他们成为定向运动的先驱。"定向"二字首次出现在1886年,意思是在地图和指南针的帮助下,越过不被人所知的地带。后来定向运动被引入教育领域,例如1918年瑞典的吉兰特在组织童军教育时设置了一次叫作"寻宝游戏"的内容,引起参加者的极大兴趣。现代定向运动已经发展成为一项竞技体育项目,利用一张详细精确的地图和指南针,按顺序到访地图上所指示的各个点标,以最短时间到达所有点标者获胜。由于定向运动组织方便,对参与者的智力、体力予以一定程度的挑战,所以各种水平的定向运动成为人们在户外经常开展的项目。

第四节 源自科考活动的户外运动

通过科学考察,人们不断探索大自然的奥秘,而科学家们深入荒野,需要克服各种环境挑战,必须具备相应的技能,其中的部分活动方式变成了今天我们广泛开展的户外运动项目。据说20世纪70年代以前,冰壁攀登一直是登山家和科学家进行高山探险和科学考察中难以逾越的障碍,因为在攀登过程中若遇到冰壁或冰瀑则所有考察便功亏一篑。20世纪60年代末,欧洲一些登山家和科学家针对这一难题,根据多年积累的经验发明了小冰镐附带锯齿状镐头以及带坚硬前刺的冰爪。许多登山者和科学家使用这些改进的新装备成功攀登上了冰壁或冰瀑,顺利完成了高山探险和科学考察。20世纪80年代起,一些攀岩爱好者在寒冷的冬天尝试攀爬冰壁进行娱乐,发现其具有独特的魅力,之后攀冰逐渐成为一项户外运动项目。现在,攀冰已成为继滑雪、滑冰后又一项广受大众喜爱的冬季户外体育运动。

第五节 小 结

在人类悠久的历史长河里,那些在人类生存和发展过程中起着重要作用的行为方式,何时演变成户外运动项目,现在我们很难确定,因为远古时代的信息难以全面而准确地获得。不过,根据现代户外运动项目的倒叙追踪,我们依然可以发现生活、生产、军事和科考对户外运动的诞生奠定了一定基础。当然,根据户外运动项目的特点,我们并不笃定户外运动只有上述四种来源,只是现有的材料信息能够比较充分地说明这四种起源关系,因为一次偶然发生的事故或意外,都有可能成为某个户外运动项目的源头。认知户外运动的起源,既是对户外运动历史的深入了解,也是为了承前启后,奠定户外运动项目创新的科学基础。

1. 简述科考活动对户外运动的影响。
2. 谈谈渔民捕鱼与户外运动定义下的钓鱼有什么区别。

第三章

山地类户外运动发展历史

本章要点

现代户外运动不只是形式,关键在于内涵的辨析,所以谈论户外运动不能脱离其本质。本章节重点关注的是以休闲健身、服务大众为目的,带有探险性质的山地类户外运动项目,主要包括定向越野、山地自行车、探洞、徒步、滑草、野外生存体验、登山、溯溪、攀岩等运动。

第一节 山地类户外运动项目发展概述

早期人类为了能在恶劣的自然环境中生存,在狩猎取食的过程中积累了识别方向的经验,进山采药掌握了丛林穿越、岩壁攀爬的技能,在这些人类活动中都能看到现代山地户外运动的影子,并在第二次世界大战结束后,逐渐成为人们休闲娱乐的新方式,得到世界各国人们的喜爱和广泛参与。

山地户外运动于2005年4月成为国家体育总局批准的正式开展的第100项体育运动项目。同年,中国登山协会将山地户外运动界定为在自然山地进行的一组集体运动项目群,包括山地运动、峡谷运动、野外生存(含露营)以及荒漠运动。根据中国各省市登山协会章程中关于高山概念的海拔规定,3 500m以上地区会使人出现明显的身体不适,即高原反应,所以我国目前普遍认可的山地户外运动是指在3 500m以下地区开展的体育活动,具有一定的探险性,属于极限或亚极限运动范畴。本书中的山地类户外运动项目除了山地户外运动以外,为了行文体系的工整性,还包括登山等高原户外运动项目。

从山地类户外运动的开展特征来看,主要包括定向运动、山地自行车、探洞、徒步、滑草、野外生存体验、登山、溯溪、攀岩等项目。

第二节 山地类户外运动项目的发展历程

（一）定向运动（orienteering）

定向运动是借助地图和指南针,在规定的时间内,按照预定的顺序通过一系列检查点的运动。定向运动首先作为一个训练科目,兴起于军队。经过130余年的发展,运动形式由传统的长距离越野定向发展至现今的城市短距离定向。城市定向、城市公园定向、校园定向成了人们休闲健身的重要载体,比赛形式更加丰富,有长距离赛、中距离赛、短距离赛、接力赛、积分赛等。目前国际定向运动联合会（IOF）官方公布了四大类定向比赛：徒步定向（定向越野）、山地自行车定向、滑雪定向、轮椅定向。定向运动具有益智性、趣味性、探险性、适应性等特性,得到了全世界男女老少、各个阶层的广泛喜爱和参与。

19世纪末,欧洲北部斯堪的纳维亚半岛广阔而崎岖不平的土地上覆盖着一望无际的森林,散布着无数的湖泊。城镇、村庄稀疏散落,交通主要依靠那些隐匿在林中湖畔的弯曲小路。在这样的地理环境中生活,经常在斯堪的纳维亚半岛山林中行走的军人,便成了现代定向运动的先驱。在1886年瑞典军事科学院的卡尔伯格首次将这项运动命名为"定向",是指"利用地图和指南针通过未知地域"（图3-1）。

图3-1 定向越野

（图片来源于http://www.orienteering-history.info）

第一次定向越野比赛于1895年在瑞典斯德哥尔摩和挪威奥斯陆的军营中举行，但1897年10月31日在挪威奥斯陆举行的世界上第一次定向越野公开赛，被视作定向运动诞生的标志。当时有8名运动员参赛，比赛采用1∶3 000的地图，线路总长为10.5km，总共设置了3个检查点(图3-2)，最后冠军耗时1小时41分7秒。1899年2月6日，在挪威特隆赫姆举行世界上第一次滑雪定向赛事，有12名参赛选手，比赛线路长20km，冠军耗时2小时30分20秒。1900年在瑞典举行了世界上第一次滑雪定向接力赛。开展定向运动不需要像其他体育项目那样在场地与器材上支付大量的费用，休闲性与实用性兼备，所以很快在民间流传开来。

图3-2 检查点的设置

(图片来源于 http://www.orienteering-history.info)

随着经济型指南针的发明,定向运动在20世纪30年代得到快速发展。芬兰、挪威、瑞典等北欧国家成为推动定向运动发展的中坚力量,并很快向世界各地普及,而且定向运动逐渐从初期的单一运动形式发展为包括多种形式的比赛和娱乐项目。

1928年,世界上第一家定向俱乐部——SKGOTHIC在瑞典成立,并在1931年举办了第一次全国锦标赛,同年首个国际性定向锦标赛在挪威举行,但只有挪威和瑞典两国代表队参赛。后来,挪威人成为推动定向运动的主力,并于1943年由驻扎在英格兰的挪威反抗军将定向运动带入英国。1948年他们为定向比赛专门绘制了第一批专业地图,并在1950年成功绘制第一张彩色定向地图,用于当年4月30日举办的比赛(图3-3)。随着定向运动向多国发展,1945年第一份定向运动杂志在芬兰出版。1946年,瑞典、芬兰、挪威和丹麦四国成立了北欧定向联合会(NORD),随后推动定向运动相继进入加拿大、澳大利亚、德国和法国等地。

图3-3 定向运动地图

(图片来源于https://orienteering.sport/iof/history-and-archives)

1961年5月21日,为推动定向运动在世界范围内的普及和发展,国际定向运动联合会在丹麦首都哥本哈根成立,保加利亚、捷克斯洛伐克、丹麦、德意志联邦共和国、芬兰、德意志民主共和国、匈牙利、挪威、瑞典、瑞士10个国家成为创始成员国,并于1962年在挪威举办第一届定向欧锦赛。

随后,世界各地纷纷举办定向运动赛事(图3-4),例如1966年第一届世界定向锦标赛在芬兰举行,1975年第一届世界滑雪定向锦标赛在芬兰举办,1995年世界公园定向循环赛创办,1998年滑雪定向首次出现在冬季奥运会的正式比赛中,1999年在俄罗斯举行了第一届世界滑雪定向大师赛和世界杯摩托车定向赛。目前,全球已有74个国家和地区加入了国际定向运动联合会。定向运动作为一项能够使人们的体力、智力得到全面锻炼的户外运动项目,吸引了各个阶层、各个年龄段人们的广泛参与,在北欧的参与人数已经超过踢足球的人数。

图3-4 定向运动比赛

(图片来源于 http://chig.org.uk/2013/05/05/bronzefore-edelsten-at-british-championships/)

香港是中国开展定向运动最早的地区,早在1979年就成立了"香港野外定向会"。按照国际定向运动标准,我国正式将定向运动作为一项体育活动开展训练和比赛是在1983年,当年3月中国人民解放军体育学院(广州)参照国际定向运动竞赛方法,在广州白云山举行"定向越野试验比赛"。此后定向运动在我国快速发展,1985年9月,深圳市成立"深圳市定向运动协会",并举办"港深杯野外定向85比赛",这是我国首次举办国际性定向运动比赛。进入20世纪90年代,定向运动得到我国官方认可。1991年12月,国家体育运动委员会(简称国家体委)批准中国无线电运动协会下设中国定向运动委员会,中国也在次年7月成为国际定向运动联合会正式成员国。我国还举办了全国性的定向运动比赛,1994年9月,由国家体委、国家教委、国家测绘局和总参军训部主办,中国定向运动委员会和中国测绘学会承办的全国首届定向运动锦标赛在北京怀柔举行,全国各省市18支代表队参赛。2002年5月全国体育大会在四川绵阳举行,定向运动首次被正式列入比赛项目名单,定向运动还得到了教育部门的重视。1999年,浙江省教育委员会发文,要求首先在全省大中学校开展定向运动,并把定向运动作为体育教学改革的重要内容列入大中学体育课程中。得益于国家政府部门对定向运动发展的重视,我国运动员在国际定向比赛中不断取得佳绩,2008年7月12—22日,中国定向队在捷克斯洛伐克参加世界定向锦标赛,获得了接力赛第7名的成绩;2019年定向世界杯短距离决赛中国运动员郝双燕夺得短距离女子组冠军。

（二）山地自行车(mountain-bike)

200多年前,法国人发明了自行车,但直到20世纪70年代,山地自行车才在美国诞生,当时美国加州有一群酷爱自行车运动的爱好者,将自行车用来进行越野比赛,但这种普通自行车(细胎、结构不坚固)禁不起崎岖不平山路的颠簸,而20世纪30年代的老式自行车(宽胎、单组齿轮)能够承受山地路面的考验,却难以上山。这些"发烧友"用卡车先将老式自行车运到山坡上,再从高处骑车而下,这就是山地自行车运动的雏形。

历史上出现了许多自行车改造创新,其中最著名的是美国加利福尼亚大学的学生斯科特(John Finley Scott)。1953年,他将车架、平车把、轮胎、变速器重新组装成了一辆自行车,称为woodsie bike,见图3-5。

图3-5 John Finley Scott 和他的自行车
（图片来源于 https://mmbhof.org/mtn-bike-hall-of-fame/history/）

1972年,居住在美国加州库比蒂诺的年轻人纳什·马洪觉得在大街上骑自行车太危险,决定转往山上活动。为了增加车的性能,1973年,他和朋友一起对宽胎脚踏车进行改装,包括在把手上加装了变速杆、变速器、鼓式刹车及摩托车用的刹车把。1974年12月1日,他用改装过的山地车参加了在马连郡举办的"西岸单车越野公开赛"。纳什·马洪等没想到因偶然机会参加的唯一一次自行车比赛,对山地车的发展产生了深远影响。

1975年夏天,盖瑞·费舍尔(Gary Fisher)以纳什·马洪的改装车为原型,继续开展改进工作,增强了车的上坡和下坡性能。在早期的山地车比赛中,这种山地车几乎包揽了所有比赛的冠军。如今,盖瑞·费舍尔和他改造的第一辆山地车已进入美国山地车协会名人堂(图3-6)。

图 3-6 盖瑞·费舍尔和他的自行车

(图片来源于 https://www.mmbhof.org.portfolio1974-first-fat-tire-bike-with-a-deraill eur-and-good-brakes-in-marin)

1979年,盖瑞·费舍尔和汤姆·瑞奇开始合作制造比赛专用山地车,并于1980年在加州上市首批成品,山地车开始成为自行车市场的新宠。在盖瑞·费舍尔等的努力推动下,山地车运动很快风靡全美,继而推广到全球,成为深受户外活动爱好者青睐的运动项目。

随着山地自行车运动的发展,20 世纪 80 年代初,在美国加利福尼亚州举办了第一次山地自行车比赛。但国际自行车联盟官方认可的第一届世界山地自行车锦标赛于 1990 年举办,次年举办了首次世界杯比赛,并在 1996 年亚特兰大奥运会中成为正式比赛项目(图 3-7)。目前,由国际自行车联盟公布的四大类山地自行车赛事包括越野绕圈赛(奥运会比赛项目)、超长越野赛、速降赛、四人越野赛。

图 3-7 山地自行车比赛

(图片来源于 http://www.freeridermag.intagmountain-biking-history)

中国在 20 世纪 90 年初正式开展山地自行车运动,中国黄山(黟县)国际山地车节自 2006 年创办以来,现已发展成为国内规模最大的顶级业余自行车赛。2006 年任成远获得世界锦标赛 23 岁以下年龄组冠军,并在 2007 年山地自行车 XC0(越野绕圈赛,0 是最低级别)级世界杯比利时站,以 2 小时零 23 秒获得了女子组冠军,这也是中国选手首次在世界杯上获得冠军,标志着中国山地自行车运动步入新的发展阶段。

(三)探洞(cave exploring)

洞穴探险简称探洞,是指探洞者对洞穴的发现、调查、测绘、取样以及其他科学考察与研究活动,被誉为世界第四大极限运动(图 3-8)。作为登山运动的衍生项目,探洞者不同于登山者期望着山峰的顶点就矗立在前方,他们在黑暗、幽闭的洞穴里,并不知道下一步会看见什么,发现什么?是令人窒息的危险,是形态各异的钟乳石群,还是从未见过的生物物种?对未知的探索便是洞穴探险的魅力所在。

随着探洞装备的革新以及探洞技术的进步,这项运动不再仅仅是科学研究的辅助手段,已逐步发展成人们探索自然、休闲娱乐的重要载体,探洞相关的活动已成为世界旅游业的重要组成部分。

图 3-8 早期探洞

(图片来源于 https://www.abc.net.aunews2016-02-16the-hidden-under world-tasmanias-cave-history7084386)

从国际探洞发展历程看,根据记载,欧洲最早的探洞者是斯洛文尼亚的瓦尔瓦索(Baro Johann Valvasor),1670—1680 年他在 Karst 高原探索了 70 个洞穴并画制草图,撰写了一部四卷本、2 800 页的图书。1936 年英国洞穴学协会正式成立(图 3-9)。

图 3-9 英国布里斯托大学洞穴学协会

(图片来源于 http://www.ubss.org.uk/history_of_the_ubss.php)

标志着洞穴学正式诞生。但洞穴探险作为一项户外运动，是随着专业探洞技术的发展而兴起于19世纪末期的欧洲，当时活动范围主要在阿尔卑斯山和法国西南部的岩溶高原（喀斯和比利牛斯山）等地。英国的洞穴探险运动开始于第二次世界大战后的维多利亚时代，随着英国旅游业的升温而迅速发展起来，当时建立了许多非盈利性质的洞穴探险俱乐部，形成了英国洞穴探险史上的"黄金时代"。

随着专业器械的进步和单绳上升技术（SRT）的出现，洞穴探险吸引了越来越多的人参加。在世界上有洞穴分布的国家中，"洞穴协会"和"洞穴俱乐部"这样的全国性或地方性民间组织众多，例如美国国家洞穴协会（NSS）会员人数超过1万人，下设有250个分会，是世界上最大的洞穴探险组织；法国则有超过450个洞穴俱乐部，而人口仅200余万人的斯洛文尼亚也有40余个洞穴俱乐部。

中国早在宋朝时期就有探洞记录，例如王安石在《游褒禅山记》中记载"余与四人拥火以入，入之愈深，其进愈难，而其见愈奇"，讲述了他本人的一次探洞经历；范成大在《桂海虞衡志·志岩洞》中记述了桂林近郊及附近州县的溶洞位置、规模、形态结构、水文、堆积物、气候、钟乳石和洞穴成因等；王象之在《舆地级胜》中记载了34个州的160个洞穴，其中半数以上的洞穴有较详细的描述，包括洞穴中的生物。而详细记载洞穴探险始于徐霞客，他在长达34年的时间内考察了江浙、安徽、"两湖两广"和云贵等地的350个洞穴。在《徐霞客游记》中有相当大的篇幅描述了洞穴探险的经历，内容涉及现代洞穴科学的各个分支，其中提出的一些名词成为当今岩溶学术语，所以徐霞客可以说是中国岩溶学鼻祖和洞穴探险的先驱，这在单个探险家的探洞史上是空前的。

中国岩溶地貌分布广泛，贵州、云南、广西、四川、湖南、湖北、广东等地都是重要的岩溶区，加上适宜的气候条件，使中国成为世界上岩溶洞穴资源最为丰富的国家。因此，到中国进行洞穴探险成为很多西方探洞爱好者梦寐以求的目标。20世纪80年代初，带动中国现代洞穴探险，主要由科研机构和国外探险人员联合开展洞穴探险科考工作，最重要的事件是时任中国地质科学院岩溶地质研究所所长袁道先邀请英国洞穴研究会副主席安迪·伊文思，于1985年带领英国洞穴探险队到桂林开展洞穴探险工作。与此同时，牛津大学托尼·沃尔什姆博士在中国科学院地理所宋林华先生的安排下，对贵州师范学院进行了访问，会见了张英俊教授和杨明德教授，随后对贵州安顺地区的岩洞进行了考察，并邀请英国洞穴探险队对贵州安顺的洞穴进行探险考察（图3-10）。后来又进行了十余次的中外联合洞穴探险活动，均取得了卓越的成就，例如1994年7—9月中英联合洞穴探险队在长江三峡（重庆奉节）的第七次合作中，向世人揭开了天坑、地缝的神秘面纱，并使得天坑、地缝作为旅游区向世人开放。

进入21世纪，中国洞穴探险取得了多项重要成果，例如2000年10月在广西

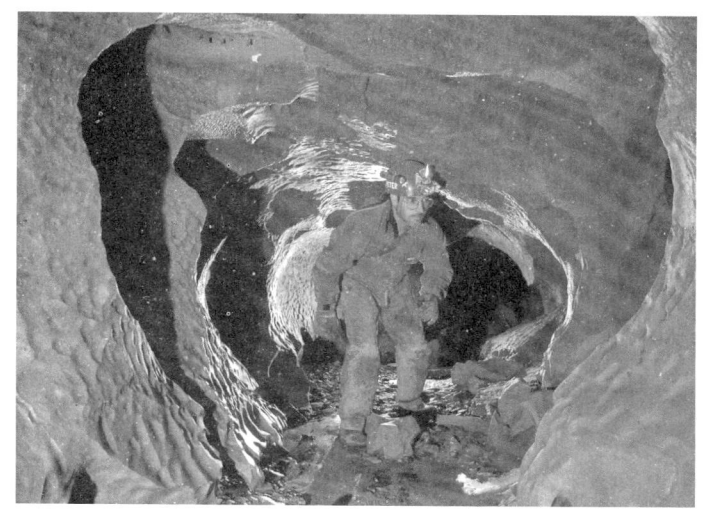

图 3-10 探洞

(图片来源于 https://en.wikipedia.orgwikiCaving)

乐业开展的洞穴探险工作,对呈现大石围天坑的世界性意义做出了巨大贡献;2001年国际著名洞穴探险家让·波塔西带领一支由 6 名法国洞穴专家组成的洞穴探险队,第一次探索贵州绥阳双河洞,在他的探索和推动下,双河洞的长度记录不断被改写[①],第一次探明长度 54km,而 2018 年中共绥阳县委、绥阳县人民政府举办的"2018 年双河洞国际洞穴科考新闻发布会",作为双河洞科考的常驻首席专家的让·波塔西向世界公布最新记录为 238.48km,双河洞的长度超过马来西亚的杰尼赫洞(222km),成为亚洲第一、世界第六长的洞穴,也是中国最大的溶洞群、世界最长的白云岩洞穴、世界最大的天青石洞穴,但有关双河洞的探索还在继续。虽然中国探洞活动取得了长足发展,但作为户外运动范畴的探洞运动仍处于萌芽期。

(四)徒步(trekking)

徒步运动最早可能出现在荷兰,由 C. Dudok de Wit 组织的徒步活动发生在 1893 年,距今已有百年历史。徒步并不是通常意义上的散步,也不是体育竞赛中的竞走,而是指有目的地在城市郊区、农村或山野间进行中长距离的行走锻炼(图 3-11),不过分强调技巧和装备,是户外运动中最典型、最普遍的一种运动。

[①] 洞穴的长度指属于这个洞穴系统的所有主洞、支洞、竖井、地下河加起来的总长度。测量时,队员必须亲自进入洞道,记录洞穴中各点的坐标,并绘制出拥有完整数据的洞穴地图,才能最终算出洞穴的长度。

图 3-11 早期徒步
(图片来源于 https://believesteve.org)

19世纪末,城郊徒步已成为英国流行的休闲方式,生活在城市里的人们渴望通过徒步从严重的环境污染和日常的生活压力中解放出来。1935年1月,英国漫步者协会成立,致力于争取徒步权力,改善郊区限制徒步的准入法律,在1949年取得里程碑式的成效,促成地标国家公园和郊区准入法案,该法案要求将英格兰和威尔士的人行道记录在正式地图上,还为在英格兰和威尔士建立国家公园、国家步道和国家自然保护区奠定了基础。如今协会已拥有超过500个分会以及107 000多名会员。

20世纪初,户外运动在欧美发达国家开始兴起。"徒步走"作为一项新兴的、集体育与休闲为一体的运动项目,在刚刚兴起之时,仅是少数人寻求刺激、挑战自身极限的游戏。但随着时间的推移和各国社会经济的发展,更多人渴望亲近自然,放松紧张的情绪,徒步运动由此逐步普及起来,例如在德国,徒步已成为民众最喜爱的运动项目,全国共有大约 $2×10^5$ km 标识清晰的、适合徒步的道路网,步道超过50条,无论亲子徒步、休闲徒步、文化徒步、运动徒步都能找到适合的路线(图3-12)。

世界徒步协会于1998年在欧洲始创,总部现设在中国香港,同时在各大洲设有分支机构,各国设立代表处。协会秉承"从众、自然、健康、和谐"的发展理念,致力于指导和组织全球性的徒步健走活动。

徒步运动进入亚洲的时间比较晚,而中国大约从1998年初开始,在北京、广州、上海等比较发达的城市出现了徒步运动。有数据显示:从1999年起,在中国徒

图 3-12 现代徒步

（图片来源于 https://traveltriangle.com）

步协会注册的俱乐部保持着每年翻一番的高速发展,截至 2006 年底,中国注册户外俱乐部已有 700 家,相比这个数字,那些结构更松散的户外爱好者团体就更多。近年来,尤其是伴随着"全民健身"热潮的兴起,全国各地广泛出现官方主办的群众性徒步活动。全国徒步大会自 2011 年在四川盐边举办以来,到 2018 年已成功地在全国 13 个省的 30 个地区举办了 49 站活动,徒步活动实现了活动项目与地方旅游特色产品、体育旅游及城市推广等各类资源的有效结合,推动地方体育、旅游等各项事业健康、可持续发展,成为国家体育总局登山运动管理中心重点建设的年度大型系列活动品牌。

国家健身步道系统作为支持徒步运动的重要活动场所,是实施健康中国战略的有效载体,得到了党和国家领导人的高度重视,2018 年 3 月国家体育总局等 12 部委联合颁发《百万公里健身步道工程实施方案》指出,到 2020 年,力争在全国每个县（市、区）完成 300km 左右健身步道的建设。

（五）滑草（grass skiing）

滑草是使用履带用具在倾斜的草坡上滑行的运动（图 3-13）,于 1960 年由德国人约瑟夫·凯瑟发明,其基本技术动作与滑雪相似。滑草最初作为滑雪运动员在雪季前的训练活动,在国家滑雪队夏季训练中被广泛采用。由于滑草运动符合新时代环保理念且具有能在春夏秋冬四季体验滑雪乐趣的独特魅力,颇受人们喜爱,从而形成了一项国际化的户外运动项目。如今的滑草板有塑料材质的,也有金属质地的,它的底部不像滑雪板那样平坦,而是装有与坦克类似的履带,根据滑行方式分为滑草器滑行或是滑草车滑行。

图 3-13　滑草器械

(图片来源于 https://www.theskijournal.com/exclusive/grassholes/)

美国可能是除欧洲以外最早推广滑草运动的国家。1976年美国电子专家费伦到欧洲旅行,时值夏季,在阿尔卑斯山麓,他发现一个滑雪教练正在指导他的队员们在草地上滑行,以训练高难度的滑雪技术,既安全又灵活。费伦不禁灵机一动:原来草地上也可以"滑雪"！回国后,他便向美国人大力推荐:"不必等到冬季来临,也不必四处寻找滑雪场地,新兴的滑草运动令你任何季节都可以在自家附近的草地上享受到滑雪乐趣"。在费伦不遗余力地宣传下,美国人渐渐接受并喜爱上了这项既富有情趣又有益健康的运动,并在东部的布赖思山区建设了第一批专用滑草场,接着加利福尼亚州的桑那市于1981年建成了一个为运动员专门设计的专用滑草运动场。很快,面积为35英亩(1英亩=4 046.86m²)的标准滑草运动场遍布全美各州(图 3-14)。

滑草运动的兴起促使国际滑草团体的建设,20世纪70年代欧美各国先后成立了滑草联盟,并相继在世界各地举办滑草比赛。1975年世界滑草联盟(IGSV)成立,并先后举办了欧洲大赛、全美大赛等多个赛事,并于1977年在美国弗吉尼亚

山地类户外运动发展历史 第三章

图 3-14 滑草比赛

(图片来源于 https://commons.wikimedia.org)

州举办了第一届世界杯锦标赛,从而确定了滑草运动作为世界大型体育运动的地位。1986年9月,世界滑草联盟加入国际滑雪联盟(FlS),成立国际滑雪联盟滑草委员会,比赛规则参照高山滑雪项目。2018年国际滑联公布的最新滑草赛事规程中,包含的比赛项目有回转、大回转、超级大回转、平行回转、全能以及混合团体赛等。

目前滑草运动盛行的国家及地区有奥地利、瑞士、意大利、法国、英国、德国、比利时、匈牙利、捷克斯洛伐克、土耳其、澳大利亚、美国、加拿大、巴西、南非和亚洲的日本、韩国以及中国台湾地区等,而且在日本已有全国性的比赛,不仅促进了滑草运动的发展,也为各个滑草场培养了大批专业教练员。

滑草运动于20世纪90年代初进入中国,广东、福建等地开始种植专用的草坪供滑行使用,使滑草运动进入了户外运动爱好者的视野,成为众多景区内备受欢迎的休闲体验项目。据不完全统计,自1995年福建省建成全国首个滑草场以来,目前中国在24个省、自治区、直辖市中,建有超过100个滑草场地,其中2015年建成的浙江衢州飞鸿滑草场是全国最大的滑草场地,占地达600亩(1亩≈666.67m²),有超过30个草地休闲娱乐项目。当前中国滑草主要以休闲娱乐为主,竞技赛事较少,专业运动员更是屈指可数。中国第一次派运动员参加世界滑草比赛是2000年7月在日本举行的世界青年滑草锦标赛。目前,北欧国家在竞技滑草运动中占有

· 25 ·

绝对优势,意大利、奥地利、捷克斯洛伐克等国的运动员在世界大赛中长期处于领军地位,但亚洲的日本、伊朗以及中国台湾地区运动员的竞技水平逐年提高,也在世界大赛中大放异彩。

(六)野外生存体验(open country survival)

野外生存是指在野外复杂的环境(山区、丛林、荒漠、高原、孤岛等)或人为营造的近似野外的环境中,在没有外部提供生命所赖以维持的物质条件下,依靠个人或集体,在较短时间内,保存和维持生命的基本手段与方法。

虽然现代野外生存体验活动脱胎于远古人类的生活行为,但两者不可同日而语。人们将这种方式作为一种训练和体验活动是在第二次世界大战以后。因为第二次世界大战期间盟军大西洋舰队遭遇德国潜艇袭击,生还者主要是年龄较大、经验丰富的老兵,这个现象引起了当时教育家库尔特·汉恩的注意。1941年在劳伦斯沃特的资助下,汉思在英国创办了世界上第一所户外运动学校,即Outward Bound School(图3-15),训练年轻海员在海上及轮船触礁后的生存能力。

图3-15 Outward Bound School
(图片来源于http://idrus.blogspot.com)

野外生存训练受到士兵、警察、消防员和工商界等社会各阶层人士的欢迎,并开始朝着两个方向发展:一种是一些组织行为学专家从这种培训模式里得到启发,采用仿自然环境,将这种军事生存训练内容用作培养人的综合素质的转换,这就是现在流行的拓展训练;另一种发展方向是继续依托野外的自然环境(图3-16),开展与野外生存相关的各种体验活动,主要包括野外穿越、野外宿营、野外觅食、野外联络、野外急救以及紧急求援等。

图 3-16　野外生存体验

(图片来源于 https://believesteve.org)

军队是推动野外生存体验活动的主要力量,例如美国于1965年将野外生存生活训练列为军队正式训练课目。现在许多国家将野外生存纳入各级学校教育体系,例如新西兰在健康与体育课程标准中加入了野外生存生活,认为这方面的教育给学生发展社会技能、关注环境保护和促进身心健康带来诸多益处;日本将野外生存能力视为青少年必备的一种生活技能,在保健体育大纲中强调学生的体育课与大自然结合开展,建立了专门的训练基地来开展野营等活动;而美国户外领导力学校(NOLS)的成立旨在减少野外露营时对环境的破坏,拓展参与者户外求生及安全技能、注重团队互助,并致力于培训户外运动领导人才(图3-17)。野外教育协会(WEA)于1977年在西伊利诺伊大学成立,旨在倡导使用野外资源时,对环境应负起维护的责任,以提升野外活动的质量,并开发了配套课程,包括探险行为、环境伦理、旅行规划、历史与文化、装备、服装、食品、露营技巧、健康与卫生、航海、气候、紧急救护等。

中国早期开展野外生存活动的主要是从事地质、勘探、测量、林业等工作的人员。直至20世纪80年代,野外生存体验活动才首先在东部沿海城市兴起,并逐步

图 3-17 野外生存

(图片来源于 http://www.outwardbound.org)

在全国范围内推广,成为一种新的户外运动项目。1998年由中国地质大学正式开设野外生存体验课,野外生存活动正式进入我国高校教育体系。

(七)登山(mountaineering)

登山运动是指在海拔超过 3 500m(西藏自治区 5 000m 以上)的地方开展的登山探险运动。在登山过程中,往往需要借助一些攀登装备和器械,以克服各种恶劣的自然条件(如缺氧、低温、冰裂缝、暴风雪、冰壁等)登上顶峰为目标。这项运动的特别之处,不是登山者之间的竞技比拼,而是登山者与大自然的对话。攀登技术及装备的进步,使得这项仅由专业登山运动员参加的极限运动发展至面向社会大众开展的群众性体育活动。登山运动正展现出巨大的包容性,让每一位登山者认识自我、发展自我、突破自我。

瑞士科学家德·索修尔被认为是现代登山运动的发起人。1760年5月,为探索高山植物资源,渴望能有人帮他克服当时看来是不可逾越的险阻,即登上阿尔卑斯山顶峰(位于法国境内的勃朗峰,海拔 4 810m,为西欧第一高峰),他在阿尔卑斯山脚下的霞慕尼镇贴出一则告示:为了探明勃朗峰顶上的情况,凡能登上或提供登顶路线者,将以重金奖赏。直到26年后,一位霞慕尼镇的乡村医生捷·巴卡罗才揭下了这个告示,经过两个多月的准备,与当地山区水晶石采掘工人巴尔玛结伴,于1786年8月6日登顶勃朗峰,这是人类历史上首次登上西欧最高峰。次年,德·索修尔一行率领20余人,以巴尔玛为向导,于1787年8月3日上午11时再次登上了勃朗峰之巅,验证了捷·巴卡罗和巴尔玛的首登事实,由此揭开了现代登山运动的序幕。由于现代登山运动兴起于阿尔卑斯山区,故也被称为"阿尔卑斯运动",1786年被作为现代登山运动的诞生年,而霞慕尼镇被称为登山运动的发源地,德·索修尔、巴尔玛等则称为世界登山运动的创始人(图3-18),得到了国际登山界的公认。现代登山运动的发展历史可分为阿尔卑斯黄金时代、喜马拉雅时代以及喜马拉雅黄金时代。由于攀登理念、攀登策略和攀登难度的不同,现代登山攀登方式主要有阿尔卑斯式、金字塔兵站式、交替上升式和商业攀登式。

图3-18 霞慕尼小镇的德·索修尔和巴尔玛雕像
(何鹏飞于2016年4月28日摄于霞慕尼小镇)

1. 阿尔卑斯黄金时代

继德·索修尔之后的半个多世纪里,登山运动作为文化领域的一个组成部分,展现在新的历史时代面前,带动了阿尔卑斯山区的登山运动迅速发展。世界上第一个登山俱乐部,即阿尔卑斯俱乐部(Alpine Club),于1857年成立,从1855年到1865年,除了勃朗峰之外,阿尔卑斯山脉海拔4 000m以上的20座山峰相继"告破",欧洲有超过200座高峰被成功登顶,大部分攀登者都来自于英国以及他们的高山向导。其中,英国人温帕成为那个时期的英雄,他和他的队友们在首登古兰特·焦拉斯峰(4 184m)、艾格优卫尔特峰(4 122m)之后,又成功登上了在当时被认为是无法登顶的阿尔卑斯最后一座4 000m以上的高峰——玛达布隆峰(4 478m)。

1865年以后,为了克服困难,人们开始研究和使用一些辅助装备来进行攀登和通过危险的地段。随着第二次工业革命的到来,攀登装备得到了极大的改进,积累并掌握了一定的岩石和冰雪作业技术,人们开始选择更具挑战的技术性线路攀登阿尔卑斯山峰,在已经被登顶的山峰上,又不断开辟了新路线,完成了许多不可思议的攀登,生动地展示了勇于探索的攀登精神。其中,登山运动员向阿尔卑斯最后的三大难题发起挑战是最为人们所津津乐道的。被称为"食人壁"的"三大北壁",马特洪峰北壁(北壁垂直高度为1 100m,平均坡度为55°~60°)、古兰特·乔拉斯峰北壁(北壁垂直高度为1 200m,平均坡度为70°~80°)、艾格峰北壁(北壁垂直高度为1 800m,平均坡度为70°),是国际公认的高难度技术路线,而多国登山者们在这里书写了许多英勇传奇。

1936年7月两位年轻的德国攀登者安迪·英特托和托尼·库尔兹以及两名奥地利攀登者威利·安格勒和艾迪·莱纳,为响应政府号召,挑战"死亡峭壁",为奥运献礼,开始了艾格峰北壁的攀登,在经历落石、滑坠、雪崩后,唯一生还的托尼·库尔兹

图3-19 无法救援的托尼
(图片来源于 http://www.ukclimbing.com)

(图3-19),在极度严寒下终于等到了救援,但最终因精疲力竭,无力进行任何绳索操作,任凭失去知觉,在用尽最后一丝力气之后,他们最终永远留在了那里,他们的死成为艾格峰攀登史上最惨烈的一幕。

直到1938年7月21—24日,德国人安德尔·赫克迈尔、路德维格·沃格以及奥地利人海因里希·哈勒和弗里茨·卡斯帕才沿着安迪和托尼开辟的路线,成功地从北坡登上艾格峰,至此三大北壁才最终完攀。

在20世纪60年代中期,美国人也"席卷"了欧洲的阿尔卑斯山脉。随后,当地的攀登者们开始挑战科罗拉多州博尔德地区的山峰,以及优胜美地(Yosemite Valley)的众多岩壁。这些挑战吸引着世界各地的攀登者,也不断提升着他们的攀登水平,他们都渴望在那些高难度的试金石上证明自己,而那些令人窒息的著名路线,比如德鲁峰的"美国队直上"路线(American Direct)和"暴露的边缘"路线(The Naked Edge),因为有限的保护点以及高难度,至今令人生畏。

尽管阿尔卑斯山的攀登路线危险重重,如履薄冰,却引来世界各地的攀登者争相体验,由此迎来了以阿尔卑斯山脉为中心的登山运动黄金时期。2010年9月6日,我国攀登者孙斌、高清经由东北山脊首次完成对艾格峰的攀登;2017年11月6日,周鹏、古奇志经由北壁施密德路线首次完成了对马特洪峰北壁的攀登。

2. 喜马拉雅时代

19世纪末,随着攀登技术的不断提高,欧美攀登者以阿尔卑斯山为中心的登山运动开始向全球山峰扩展,其中攀登高峰林立的喜马拉雅山脉成为了这股潮流的主调。这个时期始于1902年,结束于1938年,期间由于攀登者对喜马拉雅山区的地理、地质、地貌和气象等变化特点缺乏了解,攀登装备落后,早期的攀登者付出了惨重代价。1902年英国登山家奥斯卡·埃肯斯坦和阿勒斯特·克劳利向世界第二高峰乔格里峰发起了冲击,虽然登顶失败,但它却是人类历史上有明确记载的首次8 000m级攀登。1908年奥斯卡·埃肯斯坦还在铁匠的帮助下发明了现代登山用的冰爪(图3-20、图3-21)。

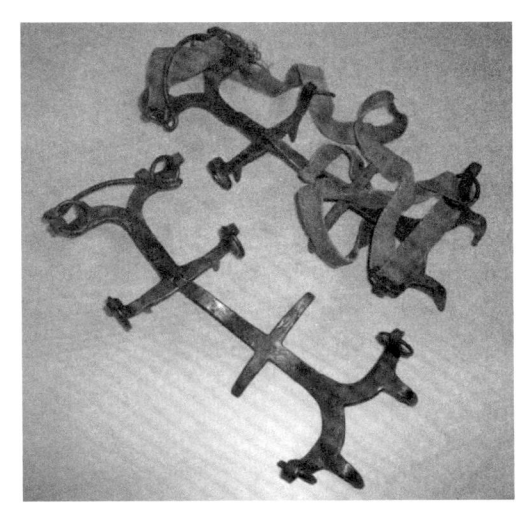

图3-20 早期冰爪
(图片来源于https://www.theuiaa.org/mountaineering/)

英国登山队于 1921—1938 年曾七次折戟于攀登珠穆朗玛峰的线路上。1924 年英国登山队第三次尝试攀登珠峰时,著名登山家乔治·马洛里和安德鲁·欧文(图 3-22)在攀登中失踪,直到 75 年后找到马洛里的遗骸时,翻遍他所有的遗物,唯独缺少了他妻子露丝的照片。在登顶之前,马洛里曾经说过,一旦登顶成功,他将把妻子的照片留在顶峰;还有一种传闻是找到马洛里的尸体时,发现他面露悦色,一时间关于他是否登顶了世界之巅引起热烈讨论,至今仍是登山界的一大未解之谜。

图 3-21 早期安装冰爪的登山靴

(图片来源于 https://www.simond.com/history-simond-bp_1536)

图 3-22 乔治·马洛里和队友安德鲁·欧文

(图片来源于 https://www.sohu.com/a/137151505-228930)

3. 喜马拉雅黄金时代

从 1938 年到 1964 年间，喜马拉雅和喀喇昆仑山脉在海拔 8 000m 以上（包括世界最高峰珠穆朗玛峰）的 14 座高峰相继被法、英、奥、意、瑞士、美、中等数十个国家的登山运动员成功登顶。

1950 年 6 月 3 日，法国登山队的莫里斯·赫尔佐格和路易斯·拉什纳尔首次沿北壁路线登上安纳普尔纳峰顶峰（世界第十高峰，海拔 8 091m）。这也是人类登山史上有划时代意义的首次登上 8 000m 级高峰。

1953 年 5 月 29 日，英国登山队中的新西兰登山者德蒙·希拉里和向导丹增·诺尔盖首次沿东南脊登顶珠穆朗玛峰（世界第一高峰，海拔 8 844.43m）。

1953 年 7 月 3 日，奥地利登山队的赫尔曼·布尔独自一人成功首登南迦帕尔巴特峰（世界第九高峰，海拔 8 126m），但这次活动也付出了极其惨重的代价，共有 11 名登山队员和 15 名搬运工遇难。

1954 年 7 月 31 日，意大利登山队的里诺·雷斯德里和阿奇里·科帕格诺尼两人，从巴基斯坦一侧沿东脊首登乔格里峰（又称"K2"，世界第二高峰，海拔 8 611m）。

1954 年 10 月 19 日，奥地利登山队在夏尔巴人的帮助下，一共 4 人首次沿西北坡成功登顶卓奥友峰（世界第六高峰，海拔 8 201m）。

1955 年 5 月 8 日，瑞士登山队的弗利莱姆·卢嘉格尔姆和埃尔斯托姆莱索姆两人，沿西坡首次登顶洛子峰（世界第四高峰，海拔 8 516m）。

1955 年 5 月 25 日，英国登山队的班德、哈迪、布朗和斯特里塞尔 4 名队员沿雅龙冰川——西北壁路线首登干城章嘉峰（世界第三高峰，海拔 8 586m）。

1955 年 5 月，法国登山队从尼泊尔境内越过西北山脊鞍部，再从中国境内的西北侧成功首登马卡鲁峰（世界第五高峰，海拔 8 463m）。

1956 年 5 月 9 日，日本登山队的 2 名登山队员和 2 名尼泊尔向导沿北坡首登马纳斯鲁峰（世界第八高峰，海拔 8 156m）。

1956 年 7 月 7 日，奥地利登山队的 3 名登山队员，沿西南山脊成功首登迦舒布鲁姆Ⅱ峰（世界第十三高峰，海拔 8 034m）。

1957 年 6 月 9 日，奥地利登山队的舒来克、布里、金别尔格尔、文别尔斯奇 4 人首登布洛阿特峰（世界第十二高峰，海拔 8 047m）。

1958 年 7 月 5 日，美国登山队的彼得·舍宁和安迪·坎夫曼两人沿东南山脊首登迦舒布鲁姆Ⅰ峰（世界第十一高峰，海拔 8 068m）。

1960 年 5 月 13 日，一支国际联合登山队首次登顶道拉吉里峰（世界第七高峰，海拔 8 167m）。

1964 年 5 月 2 日，中国登山队的 10 名登山队员首次集体成功登顶希夏邦马峰(世界第十四高峰,海拔 8 012m)。

至此,地球上 14 座 8 000m 级以上的高峰均被人类登顶。这在人类登山运动史上被称为"喜马拉雅黄金时代"。

在登顶所有海拔 8 000m 级以上的山峰后,喜马拉雅山脉便成了"超级阿尔卑斯山",登山者们开辟了更多高难度的登顶路线,以及使用更具挑战的攀登方式,如无氧攀登、阿尔卑斯式攀登、反季节攀登等。1978 年 5 月 8 日莱茵霍尔德·梅斯纳尔(图 3-23)和同伴彼得·哈比勒完成了人类历史上首次无氧攀登珠穆朗玛峰的壮举,他还创造了如单人攀登南迦帕尔巴特峰、迦舒布鲁姆Ⅰ峰与迦舒布鲁姆Ⅱ峰连穿等一系列难以改写的登山记录。

图 3-23 莱茵霍尔德·梅斯纳尔(图片来源于 http://wikipedia.moesalih.com/Reinhold_Messner)

在中国,最早的登山活动可以在《汉书·西域传》里找到相关记载:汉武帝元狩元年(公元前 122 年)派张骞出使西域,出西域,有两道:从鄯善傍南山北坡河西行至莎东为南道;南道西逾葱岭,则出大月氏、安息。自东师前王庭随北山坡河西行,至疏勒,为北道。北道西逾葱岭,则出大宛、康居、奄蔡、焉耆西域诸国。两条道均需翻越葱岭,即昆仑山或喜马拉雅山,到达现在的伊朗、阿富汗、巴基斯坦等。公元 403 年,佛教徒法显前往今阿富汗和克什米尔地区取经,在通过"小雪山"时,他的同伴胡林和尚咳嗽剧烈,最后口吐白沫而死。这可能是世界上最早的、典型的关于高山肺水肿的临床记录资料。

公元 628 年,唐朝高僧玄奘和徒弟西游取经。途中,他们爬上了帕米尔高原上的穆苏尔岭(海拔约 6 000m),观察到很多高山病的典型症状:头痛、厌食、恶心、呕吐、头昏眼花和呼吸困难。根据这些体验,玄奘第一次明确提出并使用"瘴疠"这个词语——"瘴"代表高山气体环境因素,"疠"即疾病,如今叫作"急性高山病"。

中国现代登山运动始于 20 世纪 50 年代,1955 年中华全国总工会委派许竞、师秀、周正、杨德源 4 人赴苏联学习登山技术,同年他们和苏联运动员组成的中苏帕米尔登山队,成功登顶海拔 6 673m 的团结峰和 6 780m 的十月峰,由此拉开了中国现代登山运动的序幕。

1956 年 4 月 25 日,中国建立第一支登山队——中华全国总工会登山队,在苏联登山专家库金诺夫和兹维兹特金的指导下,队长史占春等32人登上了中国东部的最高峰,秦岭山脉主峰——太白山(海拔3 767m)(图3-24)。

图3-24 登顶太白山的队员们手举冰镐欢呼首战告捷
[图片来源于中国地质大学(武汉)档案馆]

随后,中、苏联合登山队开始攀登帕米尔高原上的高峰,分别在1956年7月和8月,成功登顶海拔7 546m的慕士塔格峰和海拔7 530m的公格尔九别峰。1957年6月13日,中华全国总工会登山队登顶四川省内海拔7 556m、技术难度极高的贡嘎山,这是中国登山运动员首次独立组队进行攀登活动,也是首次独立登顶海拔7 500m以上的高峰,可惜在下撤过程中师秀、彭仲穆、国德存3人结组发生滑坠牺牲的事故,史占春、刘连满、刘大义一组艰难地返回了大本营。

1958年6月中国登山协会正式成立,为了选拔参加中苏联合登山队攀登珠穆朗玛峰的队员,创办了第一期登山训练营——香山登山训练班,其中不少学员先后攀登了列宁峰、莫斯科-北京峰、念青唐古拉山东北峰,并结合科学考察,先后攀登了甘肃镜铁山、七一冰川主峰、疏勒山主峰。香山训练班为中国现代登山运动的发展培养了众多骨干成员,奠定了后续攀登诸如珠峰在内的重大登山活动以及发展群众性登山活动的基础。

1960年初,中国第一支珠峰登山队成立,3月19日这支由214人组成的登山队浩浩荡荡地向着珠穆朗玛峰出发,5月25日,中国登山队里3名队员王富洲、贡布和屈银华,完成了人类首次从北坡登上珠峰的伟大壮举,为中国现代登山运动揭开了光辉的一页。世界多国报刊在显著位置刊登中国登山队从北坡登顶珠峰的消息,并给予高度评价,其中日本山岳协会副会长认为:"中国登山队从北面登上顶峰,是了不起的成功。从北面登上顶峰,按它的困难程度,有巨大意义";英国皇家地理学会会长内森指出:"中国登上珠峰的成就,不仅在英国乃至全世界,引起了人们对中国登山运动员的卓越技巧与胆略的钦佩"。在这次攀登珠峰的过程中,还开展了高海拔医学和生理学研究,包括高海拔对人体体温、血压、心、脑、肺等的影响,并对急性高山病和冻伤进行了观测,探讨了低氧耐力、登山运动员筛选和氧气使用等问题。

4年后,中国登山队一举登顶地球上最后一座人类尚无踏足的8 000m以上的希夏邦马峰,为喜马拉雅黄金时代画上了圆满的惊叹号,并推动了现代登山运动由高度向难度、战术的方向发展。

1975年中国登山队再一次攀登珠峰,全队总共410人,包括登山队员、后勤部队、科学家和测绘人员。当时选择了和1960年那支队伍一样的"北坳"东北山脊路线,只是突击营地建在海拔8 680m的地方,比1960年的8 550m略高,5月27日下午2时30分,9名队员登至顶峰。他们是潘多、索南罗布、洛则、侯生福、桑珠、大平措、贡嘎巴桑、次仁多吉和阿布钦(除了侯生福是汉族人外,其余都是藏族人)。另有6名藏族女队员突破了8 000m的高度,潘多是首位从北坡登顶珠峰的女性。

这次登山队带了一个红色三脚砥标架,测量出珠穆朗玛峰的准确高度:8 848.13m。为了在岩石上凿出3个洞来安装这个金属三脚架,他们在海拔8 848m的地方,没有依靠吸氧,工作了近70分钟!此外,副队长潘多在三角架下面通过连接在大本营的中国自行设计的无线电遥控心电图仪,监测出人类在珠穆朗玛顶峰上的第一份心电图(图3-25)。

改革开放后,中国登山运动迎来历史性转折。1978年12月,国家体委和旅游总局共同研究草拟了《关于开放山区、开展国际登山活动的意见》,并附《外国来华登山的试行规定》。这项政策于1979年9月得到国务院的批准,从此国际间的登山交流活动更加频繁,掀开了中国登山事业发展的新篇章。

在国家体委和中国登山协会的支持下,中国群众性登山活动也得以快速发展。由于登山运动与地质工作紧密联系,北京地质学院(现中国地质大学)接受本校参加香山训练班学员的建议,于1958年将登山运动纳入体育课程,在不到两年的时间里先后在香山和周口店轮流培训了5 900余名学生。1960年,北京地质学院登山队成功登顶海拔6 268m的阿尼玛卿二峰,成为第一支登顶6 000m以上高峰的高等院校登山队。1984年3月4日,北京地质学院登山协会正式成立,并于当年9月与日本长野山岳会组成联合登山队,分3批共17人登顶阿尼玛卿二峰。1987年11月,中国地质大学(武汉)与日本神户大学签订友好协议,并于次年联合攀登雀儿山。1989年4月1日,北京大学登山协会正式成立,并在次年成功地攀登了

图 3-25 潘多正在进行无线电心电图测试
（图片来源于搜狐户外收集）

玉珠峰，这是国内业余登山爱好者首次以社团的形式攀登雪山。

2000年5月，青海省举办首届中国玉珠峰攀登节，至今已连续举办19年，众多登山爱好者从这里开启了攀登14座8 000m级高峰的进阶之路，而且2011年玉珠峰国家登山训练基地建成，独特的自然景观和适宜的高度，以及完善的配套服务，使它成为世界业余登山爱好者的摇篮。

2001年西藏自治区举办第一届姜桑拉姆登山大会，着力将其打造成精品群众登山活动品牌，目前参与人数逐年增长，近两年的活动规模已超过300人，作为登山活动,这样是一个相当大的规模。另外,从 1993 年到 2007 年,中国西藏登山队历时 15 年,成功完成了攀登世界 14 座海拔 8 000m 以上高峰,创造了集体登顶"14 座"的世界登山纪录;2008 年中国登山运动员首次将奥运圣火送上了世界之巅;2012 年 5 月,中国地质大学(武汉)登山队登顶珠峰,成为全球第一支由在校师生独立组队登顶珠峰的登山队,并在 2016 年 12 月完成了攀登七大洲最高峰以及徒步南、北极极点的壮举,成为了世界上首支由在校师生独立组队完成"7+2"登山科考的登山队,创造了体育运动史上的传奇。

(八)溯溪(river tracing/canyoning)

溯溪运动是指在山涧溪流,利用绳索等特定装备,以走、爬、攀、跳、游等运动形式,结合登山、攀岩、游泳、绳索技能、定向越野、野外生存体验等技能的一种综合性户外运动项目。在欧美国家,溯溪运动是峡谷探险的流行运动方式,通常由上游至下游进行运动,包括在峡谷中健行、泳渡、攀岩和垂降等,而从瀑布上游向下游下降的运动又称为瀑降(图 3-26)。

图 3-26 瀑降
(图片来源于 https://www.canyoneering.net)

据美国峡谷协会(American Canyoneering Association)的史料记载,大约几千年前,溯溪是美洲土著人的生存方式,他们经常沿着溪流寻找食物和栖身场所。弗朗西斯科·科恩纳多可能是有史料记载的第一个溯溪者,1540 年他从科罗拉多峡谷溯溪到达了墨西哥。

欧洲殖民者侵入美洲后很早就注意到当地土著人的溯溪活动,他们为了更快捷地通过美洲西南部的沙漠,开始改进溯溪的上升和下降技术,并配备了绳索和锚。法国人毛特尔是官方认定的现代溯溪运动创始人,1888年他经常通过溯溪考察法国 Bramabiau 地区的峡谷。

现代溯溪(图3-27)运动得益于登山和攀岩技术的进步,从20世纪60年代早期开始发展起来,至70年代,法国开始在欧洲推广溯溪运动,而美国也开始引领溯溪运动在美洲的发展。同时亚洲的日本也兴起了这项运动,团体组织众多,并因脚踏草鞋而得名为"草鞋会"。

图3-27　溯溪

(图片来源于 http://www.hualienoutdoors.org)

1982年,经日本大阪草鞋会茂木完治先生引荐,溯溪传入我国台湾省,由彰化县登山协会黄孟宗老师创立中国第一个溯溪团体"彰化溯溪俱乐部"。随后,溯溪运动由台湾省传入内地,由于开展溯溪运动需要满足一定的自然环境条件,所以内地的溯溪运动多在西南部山区开展。2011年首届全国溯溪大赛在吉林市的北大湖开幕,而贵州省毕节市金沙县依托丰富的峡谷资源,自2014年开始已连续五年举办了全国溯溪大赛,并开展了短距离群众溯溪健身活动,有力地推动了溯溪运动的发展。

(九)攀岩(rock climbing)

攀岩是从现代登山运动派生出来的、采用攀登技术、借助装备作为保护或攀登的工具,通过克服地心引力,攀登自然岩壁或人工岩壁的运动。攀岩是一项极富技巧性、挑战性和观赏性的运动项目,素有"岩壁芭蕾"的美誉。从攀爬方式可分为自由攀登、器械攀登、顶绳攀登、先锋攀登;从竞赛项目可划分为难度攀岩、速度攀岩、攀石。近年来在国际赛场上开始出现全能赛,国内赛场除开展国际标准速度攀岩个人赛、团体接力赛外,还新增了随机赛道的速度攀岩个人赛、团体接力赛。攀岩于2017年首次入选全国运动会正式比赛项目,2018年又首次亮相印尼雅加达亚洲运动会,并成为2020年东京奥运会的正式比赛项目。

攀岩作为人类探索自然、挑战极限的一种运动形式,最早可追溯至17世纪中期的欧洲。当时的登山者为了克服类似阿尔卑斯山等终年积雪的冰岩地形,逐步发展总结出一套系统的攀岩技术,但当时的技术与装备都相当粗简,例如1865年,英国登山家埃德瓦特首次使用钢锥、铁链和登山绳索等装备,成功攀上险峰,成为了攀岩运动的创始人。1890年,英国登山家马默里又改进了攀登工具,发明了打楔用的钢锥、钢丝挂梯以及各种登山绳结,使攀岩技术发展到了更加成熟的阶段。直到第二次世界大战前后,因军队训练等的需要,才出现现代攀岩运动的雏形(图3-28)。

图 3-28 早期攀岩
(图片来源于 http://www.bbc.com)

苏联最早提倡开展攀岩运动,将其作为军事训练科目。1947年,苏联成立了攀岩委员会,并在1948年举办了首届全国攀岩比赛,这也是世界上第一次攀岩比赛。当时的评判标准是在同样的条件下,以攀爬峭壁线路速度作为成绩评判标准,并在20世纪70年代初形成了一年一度定期举办的全国联赛。随后,攀岩运动开始在欧洲盛行,20世纪60—70年代,欧洲举行了多次民间比赛。1974年9月,苏联和捷克斯洛伐克的登山组织率先发起并举办了首届国际攀岩比赛,共有英、法、意、美、日等12个国家的213位运动员参赛。在成功举办此次大赛后,经苏联提议,国际攀登联合会(UIAA)决定,每两年举行一次国际攀岩比赛。从此,各国攀岩的运动员技术水平不断提高,竞赛规则日益完善,各地的攀岩交流活动也越发活跃。

1985年,法国人弗兰西斯·沙威格尼发明了可以自由装卸的仿自然人造岩壁,打破了攀岩运动场地的限制,而且人工岩壁比自然岩壁更安全可控,更易于赛事活动组织,更利于观众欣赏,对攀岩运动的推广具有里程碑意义。1987年,国际攀登委员会规定正式的国际攀岩比赛必须在人工岩壁(图3-29)上举行,并于当年在法国举办了人工岩壁上的首届攀岩比赛。1989年,由国际攀登联合会主办的首届世界杯攀岩系列赛在法国、英国、西班牙、意大利、保加利亚和苏联分段举行,运动员根据每站的得分,进行年度总排名,总成绩最好者为世界杯冠军得主。1991

图3-29 人工岩壁攀登

(图片来源于http://www.outwardbound.org)

年,国际攀登联合会在德国举办了首届世界攀岩锦标赛。同年,亚洲竞技攀登委员会在我国香港宣布正式成立,并于次年在韩国汉城(现首尔)举办了首届亚洲攀岩锦标赛,这标志着亚洲攀岩运动进入了一个新的发展阶段。

20世纪80年代,中国登山协会在与日本山岳协会进行双边学习交流的过程中,开始将攀岩运动引入中国。1987年,中国登山协会派出李致新、王勇峰等8人赴日本系统学习攀岩技术。1990年,日本在北京国家登山队训练基地援建了中国第一块人工岩壁,并举办了首届人工岩壁攀岩比赛。1993年9月,第一届全国攀岩锦标赛在吉林长春举行。此后,西藏、青海、新疆等地方协会逐渐开展攀岩运动,中国地质大学(武汉)、长春地质学院(现长春科技大学)、成都地质学院(现成都理工大学)等高校也开始选拔、培养有攀岩运动特长的学生。

1995年,攀岩被国家体委列为中国正式开展的体育项目,标志着中国攀岩运动进入正规化的发展阶段。20世纪90年代末,攀岩比赛陆续在全国各地开展,推动了各地攀岩俱乐部、攀岩场馆的建设。

在《外国来华登山管理办法》正式公布实施后,国外攀岩爱好者也开始在中国开展攀岩运动,自1990年广西阳朔月亮山景区开辟第一条攀岩线路以来,陆续有国际攀岩爱好者来此开辟新线路,并带动了一大批国内攀岩爱好者,掀起了一阵攀岩热潮,使得阳朔成为攀岩胜地,吸引着全世界的攀岩爱好者一试身手(图3-30)。

1997年,在北京举办的"郎酒杯"全国攀岩邀请赛是国内首次成功运作的商业比赛;1998年,由中国登山协会组织的全国首届攀岩节在北京密云白河峡谷举行,依托民

图3-30 自然岩壁攀登
(图片来源于http://www.sohu.com/a/388506558_723302)

间力量,至今已开发了数百条攀登线路。2017年8月中国首个攀岩特色小镇落户于广西马山,一期建设工程已开发30面岩壁共553条攀岩线路,建有6条登山栈道,9个攀岩平台,仅2018年国庆节期间,就迎来了4.3万人次前往体验和观光,极大地推动了攀岩运动的大众化发展。

在攀岩运动大众化发展阶段,中国竞技攀岩也快速发展。2000年,为备战亚洲青年攀岩锦标赛,中国登山协会首次组建国家青年攀岩集训队,次年组建了国家攀岩集训队。2004年,在湖州举办的世界杯分站赛女子攀石项目上,黄丽萍代表中国队首次闯入该项目的决赛。同年在上海举办的世界杯分站赛男子速度项目上,陈小捷夺得了中国首个世界攀岩冠军。2005年,在上海举办的世界杯分站赛男子难度项目上,刘常忠代表中国首次闯入该项目决赛。2015年,钟齐鑫获得速度攀岩世界杯的年终总冠军,成为世界攀岩运动领域唯一的大满贯获得者,并多次打破速度攀岩的世界记录,结束了欧美运动员对攀岩运动桂冠的长期垄断。2018年在印尼雅加达亚运会上,该项目被首次设立为正式比赛项目,中国攀岩队在速度攀岩项目上获得了2银3铜的成绩。目前,中国速度攀岩项目已达到世界一流水平,但难度攀岩以及攀石项目的水平与世界强队仍存在一定差距。

1. 山地户外运动的概念?
2. 你还知道哪些新兴的山地户外运动项目?
3. 在健康中国的背景下,结合目前频发的山地户外运动事故,你认为山地户外运动如何健康发展?

第四章

冰雪类户外运动发展历史

本章要点

冰雪类户外运动是指在冰上和雪地上进行的各种户外运动项目。随着成功申办2022年冬奥会,在带动"三亿人参与冰雪运动"的背景下,亿万国人参加冰雪运动的热情逐渐高涨。本章将分冰上项目和雪上项目对冰雪类户外运动的发展历程进行梳理,以期让大家比较全面地了解冰雪类户外运动的历史知识。

第一节 冰雪类户外运动发展概述

冰雪作为大自然赋予北方寒冷地区特有的资源,生活在那里的人们为了生存与发展,不断探索与适应冰雪的特性,取得了在冰上、雪上活动的自由权之后,创造出很多不朽的冰雪运动文化,使它成为北方人们生活中的重要内容。冰雪运动是指人类在寒冷的环境中(气温一般在0℃以下),依托冰雪所从事的体育运动。它的历史悠久,早在几万年前人们处在被动适应自然环境时,将冰雪与人类的生产生活结合起来,发明了原始滑雪板、雪橇等。后来,人类不断拓展冰雪运动的功能,不仅将其用于生产、生活,还用于军事。

随着社会的发展和进步,冰雪运动逐步从实用功能发展成为包括娱乐、休闲和竞技功能的体育运动。如今,冰雪运动在世界体育文化中占有重要地位,成为北方地区冬季群众体育、竞技体育和体育文化的重要组成部分。

中华民族自古便与冰雪有着不解之缘,在漫长的历史进程中,中国人不仅学会了抵御冰雪的严寒,更学会了利用冰雪、观赏冰雪、嬉戏冰雪。近代冰雪运动是从中华人民共和国成立后开始的,在"发展体育运动、增强人民体质"的方针指导下,冰雪运动开始在东北、华北和西北等有条件的地区开展起来,各地纷纷举办冰雪运动赛事和群众活动。随着冰雪运动"南展西扩"战略的推进,中国开展冰雪活动的地域不断扩展,冰雪活动类型日益丰富,参与人数迅速增多,成为冬季体育活动和旅游的热门选择。

第二节 冰上户外运动项目的发展历程

冰上运动是借助冰刀或其他器材,在天然或人工冰场上滑行的体育运动。人类最早的冰上运动可追溯到远古新石器时代。据考证,较早关于冰上运动的历史信息出现在荷兰,当时人们以木制的爬犁作为冰面上的运输工具。后来,更易于滑行的兽骨替代了木头作为冰雪滑行工具,荷兰人将马骨磨成光滑的底面,用皮带将两头钻孔并打磨后的马骨绑在鞋上,借助手杖支撑滑行,这就是人类最原始的冰上滑行工具——骨制冰刀(图4-1)。虽然这些活动在当时只是一种游戏或简单的交通形式,但却为现代冰上运动的形成奠定了基础。

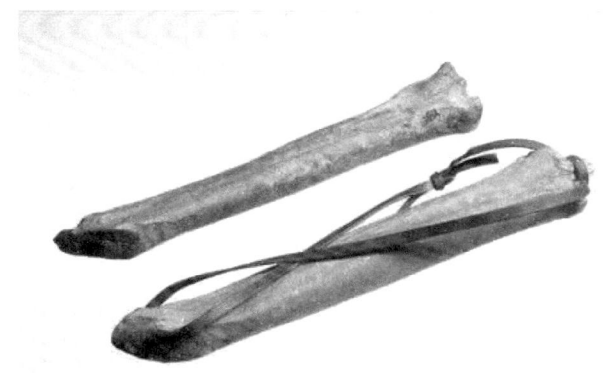

图4-1 骨制冰刀

(图片来源于http://k.sina.com.cn/article_6850255201_1984e996100100hu3v.html)

现代冰上运动包括滑冰、花样滑冰、冰球、冰壶、攀冰等,其中滑冰以竞速为目的,主要展示运动员在冰面上高速度滑行的能力,而花样滑冰、冰球、冰壶、攀冰等则是以表现冰上运动技巧为主,充分呈现运动员在冰上创造的高难度运动技能,这些技艺浓缩了人类几千年来征服和运用冰面开展活动的认识和实践成果,集聚着人类在冰面上争夺活动自由权的智慧。

(一)滑冰(ice skating)

滑冰是人们利用冰刀在冰上滑行的冬季运动项目,也是一项比较古老的冰上运动。据史料记载,公元11—12世纪的荷兰、英国、瑞士以及斯堪的纳维亚半岛一些国家中就有人用脚绑兽骨、手持尖木棍在冰面滑行。大约在公元1250年,荷兰人发明了铁制冰刀,这种冰刀比兽骨绑在鞋上滑行快很多,所以很快盛行于荷兰和欧洲的其他国家。大约200年后的1452年,瑞典人在战争中使用了滑雪技术,而1719年挪威组建了世界上第一支滑雪部队。

中国很早就有滑冰活动,早在隋唐时期(公元581—907年),一些北方少数民族就掌握了滑冰技巧。考古发现中国最早的冰刀是用牲畜胫骨制作的,主要采用马骨。随着科技水平的提高,后来出现了木制的冰鞋和镶铁木制冰鞋。到了清朝后期,中国出现铁制冰刀。滑冰运动的形式也不断创新,唐代女真族曾使用过一种用于滑行的"竹马"。这种"竹马"在冰上滑行速度快,也很省力,使用方法是人站在"竹马"上,手握一根曲棍,用力一撑就可以向前滑行十几米。

冰上滑行在宋朝(公元960年)不仅成为交通和狩猎的手段,而且发展成为以"冰嬉"为主要内容的滑冰运动,例如《宋史·礼志》记载:皇上"幸后苑观花,作冰嬉"。"冰嬉",还有些古籍也称它为"冰戏",即人们现在所说的滑冰。到了清朝,滑冰运动有了很大的进步,"冰嬉"成为民俗,是人们冬季的一项休闲娱乐项目,同时也把滑冰用于军事,作为军队训练的手段。清代的冰上运动大致有速度滑冰、花样滑冰、冰上足球、冰上抛球、冰上射天球、打雪挞及冰上摔跤等。当时清朝把速滑分为"官趟子八式",即初手式、小晃荡式、大晃荡式、扁弯子式、大弯子式、大外刃式、跑冰式和背手跑冰式。此后,由于战乱,中国滑冰运动一直在民间流传,直到中华人民共和国成立,才迎来蓬勃发展的时期。

西方的滑冰运动起源于西欧和北欧,例如12世纪英国的一位修道士斯特凡钮斯(Stfanius)在《名城伦敦编年史》中描写:"……青年人成群结队地跑到冰上,一些人迈着可能大步伐快速溜进,还有一些人脚上则绑着动物的膝骨,手持带尖的木棍,不时地用力撑在冰面向前滑行,所获速度之快,就像鸟儿在空中飞"。类似的记载,在英国的手抄文献、荷兰的古雕刻画、斯堪的纳维亚的叙述文学以及瑞士的古文献中都有发现。尽管当时这些活动是人们在冬季的一种游戏,或者说是人们在冰上的一种交通方式,但却孕育了现代的冰上运动。

欧洲早期的一些画作中也出现过滑冰情形,例如1498年的木刻画《Lidwina的堕落》就是一部以滑冰为主题的艺术作品(图4-2),它反映了15岁的利德维娜在滑冰时不慎摔断肋骨的情景。这幅画的另一个重要信息是在背景中有一名正在滑行的男士,可见当时该男士穿的溜冰鞋貌似已有现代溜冰鞋的锋利冰刀。在亨德里克1608年创作的《冬天滑冰的风景》中则展现了一派全民滑冰的景象,这意味着当时滑冰已经是一项人们在冬季广泛参加的体育活动(图4-3)。

据考证,荷兰可能是滑冰运动的起源地,起初人们为了适应冰上行动使用爬犁,这在12世纪的"滑木"考证中得以证实。后来人们在实践中发现,"骨"比"木"更易于冰面滑行,于是开始利用动物的骨头制作冰上滑行工具,例如将马腿胫骨磨成的光滑滑块。即使在今天的荷兰语中,仍将冰刀与胫骨视为同一词,但那时的滑

图 4-2 《Lidwina 的堕落》中描绘的滑冰情形
（图片来源于维基百科）

图 4-3 1608 年亨德里克创作的《冬天滑冰的风景》
（图片来源于 http://www.cma.gov.cn/kppd/kppdrt/201704/t20170428_408645.html）

冰尚需借助"木杖"来撑地滑行，主要用途是一种交通运输手段。直到公元1250年左右，铁制冰刀的出现，滑冰才变得容易起来，当时荷兰出版的《留德维娜一生》中对冰刀的结构和形状都有描述。这种铁制冰刀很快便盛行于荷兰和欧洲其他国家。1572年,苏格兰人发明了第一双"全铁制冰刀",这是现代冰刀的起始。

随着社会生产力的发展以及人们业余生活的需要,滑冰运动由早期简单的冰上滑行演变为多种运动类型(如速度滑冰、花样滑冰、短道速度滑冰等)。最早的速滑比赛于1676年在荷兰运河上举行,比赛形式是运动员从一个城镇滑到另一个城镇,后来逐渐由长途滑行赛演变为环城赛。由于在城市中举行直线滑行比赛不便观看,冰场逐渐演变为"U"形跑道,最初距离为160~200m,最后形成了现代速滑比赛所使用的封闭式椭圆形400m标准跑道。英国于18世纪在爱丁堡创立了第一个滑冰俱乐部,并在1763年首次举行15mi(1mi=1 609.34m)的速度滑冰比赛。

18世纪末,人们制作出一种前后呈曲线状,边缘磨成空槽的冰刀,这在当时是较为先进的装备。到19世纪初,人们开始把冰刀固定在皮鞋的后跟部,这样就可以在冰上自如地滑行了。19世纪中后叶,随着世界经济的发展,为了加强国际间的文化交流,多种形式的滑冰比赛被举办,推动了冰上运动的发展,也促进了滑冰鞋制造技术的改进,例如1848年,一个名叫布什纳尔的美国人制作了一种用夹子完全固定在皮鞋上的钢质冰刀,从而拉开了现代滑冰运动的序幕。随后,另外一个名叫杰克逊·汉恩斯的美国滑冰爱好者改进了这种冰鞋,用螺丝钉直接把冰刀固定在鞋底上,后来又不断改进,变成了现在所穿的滑冰鞋样式。

1885年,第一次国际速度滑冰比赛在德国汉堡举行。此后,类似的国际比赛在挪威的奥斯陆和德国汉堡又多次举行。针对比赛发现的问题,1888年荷兰人提出的双滑道,即两人一组同时出发以及设立短、中、长距离比赛项目的建议被采纳,并根据该建议,荷兰和英国合作制定了一个比赛规则,翌年在荷兰的阿姆斯特丹举行的世界冠军赛首次使用此规则。随着国际比赛的频繁举行,各国又相继成立了滑冰协会,并于1892年在荷兰鹿特丹北部的斯海弗宁思召开了第一届国际滑冰联盟代表大会,选举产生国际滑冰联盟组织机构,在该组织的领导下,1893年第一届世界男子速滑锦标赛在阿姆斯特丹举行,然而,1924年速度滑冰才被正式列为冬奥会比赛项目。但直到1936年才举办第一届世界女子速滑锦标赛。

1876年,英国伦敦建立了第一个用机器冰冻的人工冰场,但因为没有解决好湿度问题,冰场仅存在几个月后就关闭了。19世纪80年代,加拿大修建室内冰球场,一些速度滑冰爱好者经常到室内冰球场进行练习或比赛。此后又过了近20年的时间,人们解决了室内人工冰场的湿度问题,人工冰场开始迅速增加。到了19世纪90年代中期,加拿大的蒙特利尔、魁北克、温尼伯等城市相继出现室内速度滑冰比赛,并于1905年在加拿大首次举行全国短道速滑锦标赛,随后逐渐在欧美国家广泛开展。1976年首次在美国伊利诺伊州的尚佩思举行国际短道速滑赛,1981年起举办世界短道速滑锦标赛。

(二)花样滑冰(figure skating)

12世纪初,一位名叫费茨·斯蒂芬的英国人曾经在他的文章中这样写:"一群年轻人在小河的冰面上滑着,他们滑行动作敏捷,有如离弦之箭,如同鸟儿在飞翔"。尽管当时的滑行动作较简单,但已呈现花样滑冰的雏形。大约在13世纪,花样滑冰得到了较快的发展,并在欧洲广为流行。一些上层社会的人士开始享受花样滑冰带来的乐趣。例如一位法国驻荷兰大使曾在写给路易十四国王的报告中这样描述:"……奥林姬公主殿下和一群身着华贵服饰的女士们,脚穿冰鞋,在冰上来回滑行,有时还做着高抬腿的花样滑冰动作,令人感到十分新奇……"。英国国王查理斯二世,也曾在凯瑟琳王妃的陪同下,乘坐雪橇,兴高采烈地观看在泰晤士河上举办的盛大的化妆冰上表演,场面十分壮观。

现代花样滑冰最早流传于荷兰。1683年在英国伦敦泰晤士河举行盛大马戏表演时,荷兰人表演的滑冰技艺,给英国国王和观众留下了深刻印象,引起花样滑冰在英国上层社会迅速兴起,他们身着大礼服,在音乐的伴奏下,在冰上滑出各种不同的花样图形,颇有绅士风度。花样滑冰虽在荷兰兴起,但英国人却将其发展成为一种时尚体育运动。

1742年,第一个花样滑冰俱乐部在英国爱丁堡诞生。英国皇家炮兵中尉罗伯特·约翰逊是一位花样滑冰爱好者,他经过多年的努力,于1772年完成了世界上第一部花样滑冰专著,即《论滑冰》,该书比较全面系统地介绍了花样滑冰的基本步法、规定图形和特种图形等滑法,这是他多年经验和实践的总结,深受广大花样滑冰爱好者的喜爱。

与此同时,花样滑冰开始在美国兴起,一幅1860年的彩色石版画(图4-4)描绘了费城当年冬季结冰的斯库尔基尔河,人们到冰面上滑冰的情景,从画中可见当时滑冰爱好者较多,冰面上甚是热闹。这个时期美国滑冰爱好者杰克逊·海恩斯首次将花样滑冰技巧动作与优美的华尔兹舞曲相配合进行表演,取得了良好的艺术和表演效果,给人们留下了深刻印象,他的这一创举为现代花样滑冰开创了一个新的范例。

从19世纪70年代开始,各种花样滑冰比赛相继举行,例如1872年,世界上第一次花样滑冰比赛在奥地利举行;1882年,在维也纳出现双人花样滑冰;1892年,国际滑冰联盟成立,随后于1896年在俄国的圣彼得堡举行了第一届世界男子单人花样滑冰锦标赛。从1896年开始每年举办一次世界花样滑冰锦标赛;不久后花样滑冰也成为冬季奥运会的正式比赛项目。

20世纪30年代初,一个新的花样滑冰项目——冰上舞蹈,在英国出现,由一对男女伴随着音乐的节奏在冰上进行一些舞蹈步法和舞姿滑行的表演。经过多年演变,这项运动已经超出了花样滑冰的范围,它偏重舞步,强调用动作表达音乐。

图4-4　1860年的彩色石版画广告或橱窗展示卡
（图片来源于维基百科）

1937年英国举办首届冰上舞蹈锦标赛，从1949年起这项运动被单列为比赛项目。因此，目前设置的冬季奥运会花样滑冰比赛项目共有四个，分为三大类：单人滑（分男子和女子两项）、双人滑与冰上舞蹈。

中国花样滑冰也有较长的历史，清代的冰嬉选手们在滑冰的过程中，还要不时来上几段"杂技"，以示其技巧娴熟，这就有些类似于现代的"花样滑冰"了。其实清朝的"太液池冬月表演冰嬉"就是一种花样滑冰，而且每年冬天，皇帝都要在太液池上检阅八旗的冰上表演。宫廷画家张为邦、姚文翰曾把这个壮观场面绘制成了一幅《冰嬉图》（图4-5）。从中可以看到，当时表演的花样滑冰动作有大蝎子、金鸡独立、哪吒闹海、双飞燕、千斤坠等样式，还有杂技形式的弄幡、爬竿、冰上射箭、冰上踢足球等。从某种程度上来说，当时的冰嬉技艺比现在的花样滑冰技术动作还要丰富。

（三）冰球（hockey）

早在300多年前，世界上就有不同形式的冰上球类活动，例如荷兰的"科尔芬"（图4-6）、北美的"欣尼"、俄国的"冰上曲棍球"、北欧的"班迪"以及中国的"冰上蹴鞠"。由于当时这些国家的社会制度、经济基础、民族特点和人民生活方式等的不同，所以早期冰上球类活动各有特色。

在中国东北地区，早就有冰上"蹴鞠"的活动，它最初的名字叫踢形头，是满族

图 4-5 清代张为邦、姚文瀚合绘的《冰嬉图》卷(局部)
(图片来源于 http://www.sanglianju.com/news/show.php?itemid=1206)

图 4-6 早期的冰球运动
(据 Hendrick Avercamp,17 世纪荷兰画家)
(图片来源于维基百科)

人入关前很盛行的一种冰上运动。"形头"是用兽皮缝制而成的圆形物,里面装着柔软的东西,大小同现在的足球差不多。踢形头是将形头踢入对方防线内的数量来确定胜负。这种古老的运动源于满族先人的狩猎活动,那时候他们经常将猎物的皮剥下来,缝成圆球用来踢打并分出胜负。

为了保持八旗部队强大的作战能力,清朝历代皇帝都十分重视冰上运动,踢形头是必不可少的比赛项目。比赛前,八旗士兵分成红、黄两队。分旗门,叫作"分棚"。每队数十人,比赛开始前,双方队员在球场中央列队站好,御前侍卫用力将球抛向空中,球由最高点下落,不等羊皮球着地,双方队员奋力争球。比赛以球射入对方旗门多者为胜。场上队员为了在冰面上奔跑,穿着特制的带铁齿铁条的冰鞋,主要是用手抢、接、抛、掷,也可用脚踢,所以又叫"冰上蹴鞠"。

现代冰球运动起源于19世纪中叶的加拿大金斯顿(Kingston)地区。据记载,在英、法移民和英国殖民主义者到达加拿大以前,当地的印第安人早就在冰上开展这项运动,没有规定的场地、球门,参与者手持球杆,脚穿冰刀鞋,在江河的冰面上做追逐、抢截等动作,并将木片球射入对手门内以争胜负。后来,英国殖民主义者占据北美洲,英国驻加拿大士兵受印第安人的启发,在闲暇之余,常常在冰上打罐头盒玩,这是现代冰球运动的雏形。

正当各国冰上运动开始兴起时,加拿大留学生乌·罗伯逊把在英国学习期间了解的曲棍球打法用于冰上活动,并结合印第安人的"拉克罗斯"球的特点,创立了一种新型的冰上运动。加拿大早期的冰球比赛没有统一比赛规则,也缺乏严格的组织,参加比赛的人数不限,最多时每队达30人,而且裁判员可由运动员挑选,并随意更换,所以场面比较混乱。直到1875年3月,一位在加拿大从事工业规划名叫克瑞顿的冰球爱好者才在蒙特利尔冰场组织了一次带有竞赛规则的比赛,当时规定双方各上场9名队员,其中守门员1人,后卫、前卫各2人,前锋4人。4年后,蒙特利尔麦吉尔大学的W.F.罗伯逊教授和R.F.史密斯教授共同制定了一份正式的比赛规则,将比赛人数限定为每队9人。1885年,蒙特利尔的一些冰球爱好者发起组织了"加拿大业余冰球协会",并将参赛人数由每队9人改为7人。到19世纪90年代,冰球运动席卷加拿大,冰球队和冰球俱乐部不断涌现,直达西海岸。冰球运动爱好者既有学生、市民和商人,也有士兵和政府官员,而且出现了室内冰球场(图4-7),所以冰球也有"加拿大球"之称。

19世纪末期,冰球运动开始向世界各地传播,其中1896年美国第一个冰球团队在纽约创立,1902年欧洲的第一个冰球俱乐部在瑞士莱萨旺诞生。1908年国际冰球联合会在巴黎成立,总部设在奥地利首都维也纳。1920年冰球运动在第七届奥运会上被列为比赛项目,并于1924年在法国举行的第一届冬季奥运会上进行正式比赛,结果加拿大队以绝对优势获得冠军。直到1954年苏联冰球队获得第21届世界冰球锦标赛冠军才打破加拿大统治世界冰球运动的局面。

女子冰球运动开始于19世纪60年代,首次女子冰球比赛于1892年在加拿大安大略省举行,而首次国际女子冰球比赛于1916年在美国俄亥俄州克利夫兰市举行,但只有美国和加拿大派队参赛。后来由于政治、经济等方面的原因,直到20世纪60年代女子冰球运动才逐渐得到重视。1988年国际冰球联合会决定从1990年开始,每两年举办一次世界女子冰球锦标赛(从1999年开始改为每年一次)。随着女子冰球运动的发展,1993年国际奥委会决定从1998年开始将女子冰球列为

图 4-7 1894年的魁北克室内冰球场

(图片来源于维基百科)

冬奥会比赛项目。

(四)冰壶(curling)

冰壶又称掷冰壶、冰上溜石,是以队为单位在冰上进行的一种投掷性运动项目,是一项体力与智力相结合,趣味性很强的户外运动,大约有500年的历史。最早的史料来自苏格兰,人们在苏格兰都布莱恩市一个干涸的池塘中发现一块砥石(冰壶),砥石明显经过精心打磨,略呈方形,并且砥石的一侧有用来抓握的沟槽,相当于现代冰壶的壶柄。最重要的是上面刻有1511年以及所有者的名字等字样,这是迄今世界上发现最早的冰壶。此外,苏格兰佩斯利修道院于1541年2月就记录了人们在冰面上使用石头展开竞争的游戏,这是迄今为止最早的有关冰壶比赛的文字记载。例如1740年2月23日在《伊普斯维奇》杂志第2页刊登了一则冰壶比赛通告(图4-8),如油画《投壶者》(图4-9)就是反映当时苏格兰人开展冰壶运动的场景。欧洲的古代艺术作品也描绘了类似冰壶运动的场景,例如彼得·布鲁格尔在1565年完成的油画《雪中狩猎》和《冬景》中记录了人们在冬季结冻的冰上进行活动的场面,参与者在冰面上向目标点投掷一圆形物体,并随物体一起滑行,这项游戏近似于现代的冰壶运动。到了18世纪,第一个冰上溜石俱乐部在苏格兰创

· 53 ·

立(1795 年),而且 1838 年苏格兰冰上溜石俱乐部制定了第一个正式比赛规则,推动冰壶成为一项体育比赛项目。

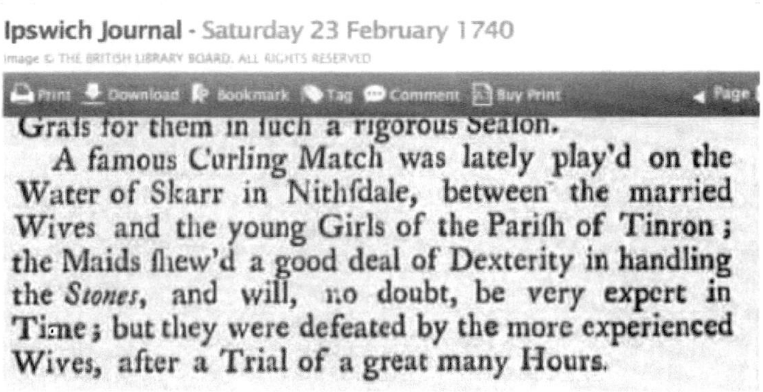
Ipswich Journal - Saturday 23 February 1740

Image © THE BRITISH LIBRARY BOARD. ALL RIGHTS RESERVED

Print Download Bookmark Tag Comment Buy Print Page

Graſs for them in ſuch a rigorous Seaſon.

A famous Curling Match was lately play'd on the Water of Skarr in Nithſdale, between the married Wives and the young Girls of the Pariſh of Tinron; the Maids ſhew'd a good deal of Dexterity in handling the *Stones*, and will, no doubt, be very expert in Time; but they were defeated by the more experienced Wives, after a Trial of a great many Hours.

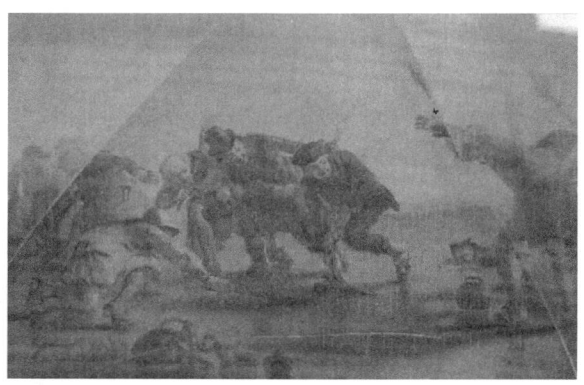

图 4-8 18 世纪的冰壶比赛通告

(图片来源于 http://curlinghistory.blogspot.com/2013/12/women-curlers-in-news.html)

图 4-9 油画《投壶者》(1835 年)

(图片来源于 https://www.sohu.com/a/162705396_492671)

随着英国人移居新大陆,冰壶运动来到了北美。1807 年,北美第一个冰壶俱乐部皇家曼垂尔冰壶俱乐部在加拿大成立。从开始引进,到经过几个时期的发展,加拿大的冰壶运动普及程度非常高,随处可见冰壶俱乐部。现在冰壶运动已成为加拿大人冬季生活的一部分。每年冬天,有几百万加拿大人参加这项古老的运动,这一数目相当于世界上所有其他国家和地区参加冰壶运动人数的总和。加拿大最知名的全国冰壶比赛是布莱尔男子冰壶锦标赛,现场观众约 30 万人,电视观众超过 400 万人。美国是加拿大的邻国,与加拿大接壤的北方地区其冰壶运动也很普及。早在19世纪30年代,美国就出现了冰壶俱乐部,之后冰壶运动在美国大城市如雨后春笋般地发展起来。20世纪50—60年代,美国冰壶运动的发展到达顶峰,几乎北方所有的州都开展冰壶运动,并且成立了国家和地方冰壶协会。1957年在芝加哥举办了第一届美国男子冰壶锦标赛,比赛过程进行了电视转播,吸引了众多观众。

20世纪初,通过加拿大冰壶爱好者的努力,这项运动的比赛规则和方法逐步完善,并逐渐由室外转入室内,并于1927年首次举办全国冰上溜石比赛,而首届世界冰上溜石锦标赛始于1959年,举办最初被称为苏格兰威士忌杯赛。1968年改称为加拿大银扫帚锦标赛,1986年正式定名为世界冰上溜石锦标赛,而且1979年起举行世界女子冰上溜石锦标赛。

1924年,冰壶首次以表演项目的形式在奥运会上亮相,随后于1932年、1936年、1964年、1968年、1992年6次被列为冬奥会表演项目。期间,1966年国际冰上溜石联合会成立,1991年改名为世界冰上溜石联合会,同时获得了国际奥委会的承认。1993年国际奥委会决定,从1998年开始,冰上溜石列为冬奥会正式比赛项目。在此期间冰壶运动于1955年传入亚洲,并从第五届亚冬会开始被列为正式比赛项目。

冰壶运动自出现以后,以其自身的独特魅力,很快在欧洲和北美发展起来。20世纪中后期,冰壶项目来到亚洲,日本、韩国冰壶项目开始发展。中国冰壶运动发展得比较晚,直到近几年才开始引进冰壶项目,但成绩迅速提高,很快登上世界冰壶大赛领奖台,受到世界的瞩目,截至目前世界上有五个洲的国家和地区开展冰壶运动。

(五)攀冰(ice climbing)

攀冰是从攀岩运动中衍生出来的一项冰上运动项目,被人们喻为冰瀑上的华尔兹,是攀登高山、雪山的必备技能(图4-10)。攀冰运动在欧洲、北美及亚洲的韩国、日本等地是一项与滑雪、滑冰一样流行的冬季运动项目,而且越来越多的人参与这项被喻为"冰壁上华尔兹"的冬季运动项目。这项运动发源于18世纪的英国。20世纪70年

图4-10 1982年攀登塔尔图利库尔冰层
(图片来源于维基百科)

代以前,冰壁攀登一直是登山探险中难以逾越的障碍,许多登山家就因为在攀登过程中遇到冰壁而功亏一篑。20 世纪 60 年代末,欧洲一些登山者针对这个难题,根据多年积累的经验发明了小冰镐附带锯齿状镐头以及带坚硬前刺的冰爪。许多登山者使用这些新装备到处寻找冰壁进行攀登,在他们攀登冰壁的同时进一步改进装备和技术,像美国的伊冯·乔内里、杰夫·洛、格里格·洛,已成为现代攀冰的代名词。现代攀冰技术被欧洲的登山家和到欧洲攀冰的美国登山家推向了一个新的台阶,他们开创了许多非常艰险的攀登路线,并促使 20 世纪 90 年代攀冰比赛风靡欧洲和北美的许多国家。

1998 年北京开始出现攀冰活动,主要是外国人和一些旅居国外的华人在密云山区活动,他们每年冬天都到北京攀冰,开启中国攀冰运动的序幕。而且 1999 年第一届全国攀冰锦标赛在龙庆峡举行。目前中国攀冰运动还处于发展阶段,正吸引越来越多的人参与其中。

(六)冰钓(ice fishing)

冰钓的产生是出于生活所需,在漫长而寒冷的冬季,猎人和钓鱼者需要获取食物,例如美国中西部的美洲奥吉布瓦印第安人,首先用工具把冰凿开,然后用手工雕刻的木制诱饵和长矛捕捞鱼类。世界上有很多地方适合冰钓,而 1904 年的一幅画作展现了挪威人冰钓的场景(图 4-11)。加拿大的魁北克和俄罗斯的贝加尔都是世界著名的冰钓之城。

据文献记载,中国北方的赫哲族先民在上古舜帝时期就已经开始在北方进行渔猎活动。冬季时,赫哲族先民先在江河或湖泊的冰面上搭建一小屋,然后在屋中凿出一个直径 1m 左右的冰洞。冰钓时把小屋的门关上,屋内暗而冰下清亮,鱼游到冰洞处很容易被看到。

图 4-11 挪威冰钓(1904 年)
(图片来源于维基百科)

此时,将渔线放入水中并用小木棒摇动,水中鱼儿看到抖动的东西误以为是食物而吞钩。凿冰成洞、冰下垂钓、获鱼颇丰的冬季渔猎活动帮助古代先民冬季获取鱼品,维持生计,即"渔猎时代"的真实写照。

随着社会生产方式的不断进步,至唐宋时期冰钓不再是人们冬季维持生计的主要手段。但冰钓那种独处于自然之中、静心于天地之间的意境和在斗鱼儿、抗严寒的过程中所收获的乐趣让人们对冰钓活动趋之若鹜,而唐代诗人柳宗元的"千山鸟飞绝,万径人踪灭。孤舟蓑笠翁,独钓寒江雪"便是冰钓活动真实意境的生动展现。

进入现代社会,渔业的现代化生产使冰钓进一步脱离了生产劳动的范畴,成为一种以休闲娱乐方式,作为钓鱼运动的分支,是北方地区重要的民俗运动。自1983年开始,它就同钓鱼运动一起被当时的国家体委列为正式开展的体育项目,并于1992年被纳入中国钓鱼协会的管理范围,而且2012年1月9日,国家体育总局、民政部成立了新的中国钓鱼协会。

(七)冰上龙舟(ice dragon boat)

中国东北、西北民间常见的"冰车",是群众喜闻乐见的冬季娱乐活动。"冰车"只可坐1人,而多个冰车串联起来加上装饰,形成了冰上龙舟的雏形。冰上龙舟是水上龙舟的延伸,在传统水上龙舟的基础上加以创新,使得冰上龙舟这一创举克服了水上龙舟受地区性、季节性限制的同时,保留了原有龙舟的技术技巧与竞技性,受到全球龙舟爱好者的认可。

2005年哈尔滨太平湖冰上龙舟节(图4-12),这是最早的正式冰上龙舟比赛。自此,冰上龙舟就开始出现在各届冬季群众运动会上。

图4-12 哈尔滨太平湖冰上龙舟节

(图片来源于 https://baike.baidu.com/item/%E5%86%B0%E4%B8%8A%E9%BE%99%E8%88%9F/5283124?fr=aladdin)

为了冰上龙舟的普及和发展,2016 年 1 月,国际冰上龙舟联合会(International Ice Dragon Boat Federation,IIDBF)在美国注册成立,简称国际冰龙联,是国际冰上龙舟赛的官方组织,与国际龙舟联合会并列,是龙舟类国际性非盈利组织之一。

（八）抽冰猴(spinning top on the ice)

冰猴,来源于民间抽陀螺游戏,是用绳子绕在陀螺上,然后用力一拉,冰猴就在冰面或雪地上旋转起来,接着玩者对它不停地抽打,使它在冰面或雪地上长时间地转动(图 4-13)。

图 4-13 抽冰猴

(图片来源于 http://bbs.zol.com.cn/dcbbs/d34034_6117.html)

关于抽冰猴的来历,没有确切史料,在北方民间有一个传说:一位老人带着猴子和狗到处卖艺为生,相依为命,老人年纪大了,生活日益艰难,这时猴子经常偷吃他们仨的粮食,并诬陷是狗干的,所以狗经常挨打。直到有一天再无粮食,猴子想吃掉老人时,狗奋力阻拦,猴子逃掉了,老人才知道错怪了狗。一气之下用木头疙瘩做成一个猴子模样的陀螺,卖艺的时候放在有冰的地面上,不停地用鞭子抽打,竟也招来很多人观看赏钱,最后就演变成了抽冰猴。

第三节 雪上户外运动项目发展历程

雪上户外运动是指借助于滑雪工具(如滑雪板、雪橇、雪车等)在雪地上滑行的运动项目。目前,国内外广泛开展的雪上户外运动项目主要有两大类:一类是借助于滑雪板进行的雪上运动,此类运动包括越野滑雪、高山滑雪、滑板滑雪、雪地探险、单板滑雪、滑雪定向等;另一类是借助于雪橇、雪车等工具进行的雪上运动,此类运动包括狗拉雪橇等。

(一)滑雪(snow skiing)

滑雪运动是指人基本呈站立姿态,双脚各踏一只滑雪板(或双脚共同踏一只较宽的滑雪板),双手各持一只滑雪杖(或双手共持一只滑雪杖或双手不持滑雪杖),在雪面上滑行(或再辅以其他形体动作)的体育运动。史料记载的滑雪活动最早出现在挪威,距今有4 000多年的历史。大概在公元前2 500年,瑞典中部出现了最早的滑雪板,而早期挪威北部的岩画里出现了滑雪者的形象,例如大约公元前1 000年的挪威,阿尔塔地区出现了滑雪狩猎者(图4-14)。文学作品中同样可以找到古代滑雪的信息,早在2 000年前古罗马诗人维吉尔的叙事诗《埃涅伊德》中就提到过北欧滑雪的情况。随着时代的变迁,由于滑雪贴近自然、贴近生活,已成为冬季人们最受欢迎的休闲运动之一。

图4-14 岩雕画中滑雪的狩猎者
(图片来源于维基百科)

图4-15 使用滑雪板的萨米猎人(1673年木刻)
(图片来源于维基百科)

1673年的一件木刻艺术品中显示,萨米猎人手持单杖,肩扛弓箭,使用长度不等的滑雪板滑行(图4-15)。

滑雪运动的演化得益于阿尔卑斯山脉一带的欧洲人,而真正意义上的滑雪运动起源于现在的斯堪纳维亚地区。由于该地区每年最少有8个月覆盖着厚厚的积雪,所以居住在那里的人们(有些人被称为"萨摩斯岛人")发明了一种行走方式,用带子将木板绑在脚上,防止双脚陷入雪中,而"SKI(滑雪板)"这个词起源于古挪威的"SKITH"一词,表示劈开一片木材。挪威的神话故事将UII称为滑雪之神,将SKADE称为滑雪和打猎的女神。在这个地区,滑雪实际上是捕鱼、打猎和谋生采用的一种交通手段。

1721年,在挪威军队里成立了滑雪组织,12年后,当地男性必须掌握基本的滑雪技能,而士兵一般都在鞋后跟捆上皮革,这是原始的滑雪制动装置,用来在下坡时防止自己的滑雪板脱落。但是这样的捆绑有时候还是太松,不能确保对滑雪板的有效控制,所以滑雪杖应运而生,它在下坡路段可以起到刹车的作用,而在平坦的路段则可以作为加速器。滑雪运动在挪威的发展,促使最早的滑雪书籍、滑雪俱乐部和滑雪部队都出现在挪威。

滑雪运动在中国的历史悠久,根据日本札幌市冬季运动博物馆所藏资料、俄罗斯滑雪教材中关于滑雪起源的讲述以及中国第一任滑雪协会主席刘永年先生1994年所撰写的《新疆阿勒泰地域是人类滑雪发祥地之一》等显示,阿勒泰地域的丁灵族在远古就有滑雪活动,而且是人类最早的滑雪活动,在当地发现的古代滑雪板,距今已有6 000多年的历史。中国最早有文字记录的滑雪活动可追溯到隋唐时代,见于《隋书》,其中《室韦传》载:"射猎为务,食肉衣皮。……地多积雪,惧陷坑井,骑木而行"。也就是说,室韦族以打猎谋生,食动物的肉,以其皮毛做衣服。那里地面积雪深广,人们走路时怕掉进陷阱、陷坑,于是便"骑木而行"。所谓"骑木而行",就是指我们今天所说的滑雪。此外,中国东北和西北地区的鄂伦春、赫哲和哈萨克等民族,也早就掌握了滑雪技术。我国古代人们在300年前制造和使用的滑雪板及滑雪方法已近似于现代滑雪。由于受到社会、经济、战乱、地理、地貌、气候等多方面的限制,在漫长的历史进程中,中国古代的滑雪运动并没有得到很好的传播和推广,未能演化成近代滑雪。中国近代滑雪运动开展较晚,20世纪30年代初期才出现在北方部分地区。

(二)越野滑雪(cross-country skiing)

越野滑雪是以滑雪板和滑雪杖为工具,运用登山、滑降、转弯、滑行等基本技术,在丘陵起伏的山地滑行的一种雪上运动项目,又称为长距离滑雪、北欧滑雪、越野滑雪、徒步滑雪、雪上游戏滑雪等。这是一项古老的运动,起源于北欧,故又称北欧滑雪。当地的维京人在10世纪时就在山野中用滑雪的方式进行运输。这种利用滑雪板在林中穿行的活动就是越野滑雪的早期形态。到了中世纪,越野滑雪逐渐被应用于军事。据记载,1226年挪威内战时期,两名被称为"桦木腿"的侦察兵,怀藏两岁的国王哈康四世,滑雪翻越高山,摆脱了敌人追踪。现在挪威还每年举行越野马拉松滑雪赛,距离为35mi,与当年侦察兵所滑路程相同。

直到19世纪,越野滑雪仍然是北欧地区居民在冬季广泛采用的一种活动方式,如今该地区很多国家,像挪威、瑞典、芬兰、爱沙尼亚和拉脱维亚都是传统的越野滑雪强国。相较而言,越野滑雪在北美地区开展得比较迟,大约在19世纪50年代才由瑞典和挪威的移民引入。汤普森被称为"穿雪鞋的邮差",他是首位将越野滑雪引入美国加利福尼亚的人。加拿大的越野滑雪先驱主要有约翰森、奥尔森等,其中约翰森在加拿大的越野滑雪运动推广中起到至关重要的作用,他在加拿大以及北美地区举办越野滑雪比赛,主持相关活动并担任很多滑雪组织的领导和教练。

1924年2月3日,国际滑雪联合会在法国夏蒙尼创立,当年越野滑雪就被列为冬奥会比赛项目。越野滑雪是最早被列入冬季奥运会的雪上运动项目之一,但只设立了男子18km(1952年改为15km)和50km两个项目。女子越野滑雪直到1952年才被列入冬奥会项目。直到2002年,冬奥会越野滑雪包括了12个小项,成为冬奥会设立金牌最多的项目。

(三)高山滑雪(alpine skiing)

高山滑雪是以滑雪板和滑雪杖为工具,在山坡专设的线路上进行快速回转和滑降的一种雪上运动项目(图4-16)。高山滑雪起源于北欧的阿尔卑斯地区,故又称"阿尔卑斯滑雪"或"山地滑雪"。

图4-16 高山滑雪

(图片来源于 https:// canada. keepexploring. cn/things-to-do/canadian-rockies-alberta? hmsr=baidu&hmpl=cpc&hmcu=KE_AN_CN_Activity&hmci=Activity_Ski_00009)

高山滑雪是在越野滑雪的基础上逐步形成的。19世纪末期,随着滑雪运动的迅速普及,北欧人不满足于只在平地上进行滑雪,他们的兴趣从平地越野速滑转向地形复杂的高山。与此同时,一些滑雪爱好者开始探索适合于高山地区滑雪的新技术和方法。1850年挪威的泰勒马克郡出现改变方向和停止滑行的滑雪动作。最早的高山滑雪竞赛可以追溯到19世纪末,当时人们在奥斯陆举行了简单的速降比赛。1868年挪威滑雪运动奠基人诺德海姆等在奥斯陆滑雪大会上表演了侧滑和"S"形快速降下技术。1890年奥地利的茨达尔斯基(Matthias Zdarsky)经过6年的苦心专研和实验,发明了适合阿尔卑斯山地区特点的短滑雪板及滑行技术,1905年他在维也纳南部的利林费尔德进行了高山滑雪史上第一次回转障碍下降表演。茨达尔斯基的表演对于促进高山滑雪技术体系的形成和推动高山滑雪运动的发展,起到了至关重要的作用。

1907年英国创立阿尔卑斯滑雪俱乐部,这是世界上第一个高山滑雪组织。1910年奥地利的比尔格里上校(Georg Bilgeri)组织具有军事性质的高山滑雪学校,第一个采用深蹲姿势持双杖快速下降、制动转弯的滑法。之后的几十年里,这一运动迅速风靡欧美,美国的矿工更是在冬季举行高山滑雪比赛以打发闲暇时间。

现代高山滑雪比赛的创立者是英国人阿诺德·卢恩(Arnold Lunn)爵士和奥地利人海因斯·施奈德(Hannas Schneider)。1921年卢恩在瑞士组织了高山滑雪史上的首次回转和速降比赛,次年他又在瑞士的慕伦组织了历史上最早的一次高山小回转滑雪比赛。同年施奈德创办高山滑雪学校。在卢恩和施奈德的推动下,1931年在瑞士米伦开始举办世界高山滑雪锦标赛,并在1936年高山滑雪被列为冬奥会比赛项目。

高山滑雪作为大众喜爱的体育运动项目,具有很强的健身和娱乐价值,全球现有上百个高山滑雪区。中国开展高山滑雪运动较早,但由于训练条件所限,参与人群有限。为实现2022年北京冬奥会全面参赛的目标,2017年国家高山滑雪队组建了滑降及超级大回转速度项目组,为高山滑雪运动的发展起到了推动作用。

(四)单板滑雪(snowboard)

单板滑雪(又称滑板滑雪)以一块滑雪板为工具,是一项在山坡线路上快速回转滑降,以及特设的"U"形场地内凭借滑坡起跳在空中完成各种高难度动作的雪上运动项目。由于动作的舒展性和刺激性,单板滑雪得到了普通大众特别是年轻人的喜爱。

单板滑雪出现在几百年前的土耳其Kaçkar山区,当地村民喜欢脚踩一块木板在雪地上滑行。现代单板滑雪源于20世纪60年代中期的美国,与冲浪运动有关。1965年圣诞节,在密歇根度假的Shermon Poppen将两块双板(ski)拼接起来,让女儿坐着冲下雪坡,这种滑行方式很快流传开。由综合了Snow和Surf这两个元素,人们给它起名叫 Snurfer(雪中冲浪),所以单板滑雪又称冬季的冲浪运动。单板滑雪者用一个滑雪板而不是一双滑雪板,利用身体和双脚来控制方向,通过一根绳子控制着雪板从山上滑下。

进入 20 世纪 80 年代,滑板滑雪开始风靡美国,之后又传到欧洲。1982 年举行了美国全国锦标赛,1983 年举行了首届世界锦标赛,1990 年成立国际滑板滑雪联合会(FIS),1994 年国际滑联(FIS)将滑板滑雪定为冬奥会正式项目,并于 1998 年在日本长野冬奥会首次举行了滑板滑雪比赛。

2003 年,随着国内首家专业单板滑雪俱乐部在北京的成立,这项运动在中国正式起步。虽然中国的单板滑雪同欧美国家仍有差距,但随着多项国际比赛在中国举办,参与人数正在迅速扩大。

(五)狗拉雪橇(sled dog)

狗拉雪橇(也称为雪橇赛狗、雪橇犬比赛,图 4-17),在 4 000 多年前就已经出现了。拉雪橇的一般是纯种西伯利亚哈士奇、阿拉斯加雪橇犬或萨摩耶,并发展成一项比赛。一组雪橇犬拉一只载有指导员的雪橇,各组间相互竞争完成比赛的速度,完成比赛用时最短的小组获胜。

没有人确切知道狗拉雪橇的起源,但考古工作者在阿拉斯加西北地区找到许多有关狗拉雪橇的实物证据。从 18 世纪到 20 世纪初期,雪橇狗队伍被这里的人们用来运输、探险、捕猎、拉运补给品、采矿和递送邮件。在 19 世纪末期,对淘金者

图 4-17 雪橇犬(1833 年草绘)

(图片来源于维基百科)

而言,雪橇狗是非常重要的,它们可以将物资运到金矿区,然后在回程时运出黄金。住在阿拉斯加的人,不论是早期的爱斯基摩人或印第安人,还是后来移入的欧洲人,早已熟知雪橇狗的运动能力,但直到1925年运送白喉血清到诺姆的救命壮举之后,世界上其他地方的人们才开始认识到狗拉雪橇的重要性。

后来,人们开始举办狗拉雪橇比赛,短距离比赛6.4～40km,中距离比赛45～322km,长距离比赛322至超过1 609km。最有名的长距离比赛是始办于1973年的艾迪塔罗德步道雪橇狗比赛(Iditarod Trail Sled Dog Race),赛程有1 868km。

狗拉雪橇运动在1935年和1952年成为冬季奥运会的表演项目。国际狗拉雪橇运动联合会(International Federation of Sleddog Sports,IFSS)于1985年成立,总部设在美国,1990年开始举行世界狗拉雪橇运动锦标赛。

在中国古代,雪橇被称为爬犁、扒犁、耙犁或扒里,或简称把。元代又称狗车,满语称法喇。爬犁最早产生的年代虽然不详,但由于运载单人木马的出现早于运载多人或大型物品的爬犁,因此爬犁可能产生于唐宋时代。赫哲族是中国北方唯一一个使用狗拉雪橇的民族,这种传统一直沿用至今。

(六)滑雪定向(ski orienteering)

滑雪定向(图4-18)是结合方向判断和在不平坦的地形上越野滑雪的一项耐力性冬季户外运动,是国际定向越野联合会认可的4项定向运动之一。滑雪定向运动由越野滑雪和定向越野结合而成,于19世纪末至20世纪初诞生在北欧的斯堪纳维亚国家,现在这项运动在许多国家流行,例如瑞典参加这项运动的人数仅次于踢足球的人数。

1899年第一次公开的滑雪定向比赛在挪威举行。1977年国际奥委会承认其"运动资格"并于1988年在汉城举行的第24届奥运会上将其定为表演项目。2010年滑雪定向成为第一届世界军人冬季运动会比赛项目,次年首次成为亚洲冬季运动会正式比赛项目。后来国际定向越野联合会向国际奥委会提出申请,请求将滑雪定向列入2018年冬季奥运会比赛项目。

图4-18 滑雪定向
(图片来源于 https://baike.sogou.com/v51754117.htm)

现在滑雪定向每年吸引成千上万的参加者,而北欧是这项运动的中心,瑞典则是这项运动的发源地。1900 年瑞典人首先开拓接力滑雪赛(非公开),以此为基础,现代滑雪定向越野开始起步。许多高山、越野和速度滑雪运动员同时又是滑雪定向的高手。滑雪定向也可以按个人、团体或接力比赛等形式进行,它与个人徒步定向越野赛的区别是选手需要使用滑雪装备。

滑雪定向比赛是为测试运动员身体素质和判断方向而设计的,使用地图确定一片密集的滑雪赛道网络,以便在尽可能短的时间内到达各点。地图为运动员提供所需的方位信息,以便于决定哪条路线更快。在每一次比赛中运动员必须在高速运动中对上百条路线做出选择。

中国的滑雪定向运动起步较晚。2010 年 12 月 2 日,中国国家滑雪定向队成立,并参加了 12 月 3 日至 5 日在西昌举行的中国滑雪定向冠军赛。在 2011 年阿斯塔纳—阿拉木图亚洲冬季运动会上,中国国家滑雪定向队取得了 1 枚银牌和 1 枚铜牌的成绩,仅位居东道主哈萨克斯坦队之后,位列该项目奖牌榜的第 2 名。

(七)跳台滑雪(ski jumping)

跳台滑雪主要利用自然山形建成的跳台进行,脚着专用滑雪板,不借助任何外力,从起滑台起滑,在助滑道上获得高速度,在台端飞出后,身体前倾与滑雪板成锐角,沿抛物线在空中飞行,在着陆坡着陆后,继续滑行至停止区停止。

现代跳台滑雪(图 4-19)起源于挪威泰勒马克郡莫尔格达尔(Morgedal),又

图 4-19　Danny McKay 跳下红山滑雪跳台(1935—1936 年)
(图片来源于 https://basininstitute.org/search/details.html?id=79977#.XbD497wzY2w)

称跳雪。据史料记载,挪威的奥拉夫·瑞(Olaf Rye)中尉是第一个完成跳台滑雪的人,1809年他在众多士兵面前从高台跳下并成功滑出飞行了9.5m。1860年挪威德拉门地区的两位农民在奥斯陆举行的首届全国滑雪比赛上表演了跳台飞跃动作,之后,跳台滑雪逐渐成为一个独立项目并得到广泛开展。同年,出生于挪威南部的桑德拉·诺德海姆不拿雪杖跳过30余米,他的这一记录保持了30多年。1879年在奥斯陆举行了首届跳台滑雪比赛,在这次比赛上设置的跳台也创记录地达到20m。1883年这项运动被列入霍尔门科伦滑雪大奖赛。在19世纪末,这项运动先后传入瑞典、瑞士、美国、法国、意大利和波兰等国家。

初期的跳台滑雪是利用山坡等自然地形进行的,19世纪80年代开始出现土木结构的跳台。随着空中滑翔技术的提高,新的跳台设计也不断出现,1926年瑞士在格劳宾登州的蓬特雷西纳建成60m级跳台,1927年又在圣莫里茨建成70m级跳台。

1924年跳台滑雪被列为冬奥会比赛项目,并从1925年开始举办世界锦标赛,直到1937年被正式命名为世界跳台滑雪锦标赛,并将1924年冬奥会定为第一届世界跳台滑雪锦标赛。该赛事从1948年起每两年举行一次,从1992年冬奥会开始,将标准台和大跳台的米级改为90m和120m。由于跳台滑雪难度大、危险性高,目前在普通大众中普及程度不高。

中国在1987年第六届冬运会的时候设置了这项比赛。1988年,国家派遣教练和运动员去日本长野县白马村进行为期3个月的跳台滑雪训练,以提高中国跳台滑雪的竞技水平。在平昌冬奥会跳台滑雪项目女子标准台比赛中,虽然中国选手常馨月排第20名,但她成为中国跳台滑雪历史上第一位进入冬奥会比赛的女子运动员。

(八)自由式滑雪(freestyle skiing)

自由式滑雪始于20世纪60年代的美国,它是在高山滑雪的基础上发展而来的,是以滑雪板和滑雪杖为工具,在专门的场地上通过完成一系列的规定和自选动作的一种雪上运动项目。最初只是将高山滑雪和杂技集于一身,经过几十年的发展,变成了当今的运动形式。首次自由滑雪比赛于1966年在新罕布夏州举行,在随后的十余年中,很多勇敢者创造出了大量的惊险动作,使这项运动越来越精彩(图4-20)。

国际滑雪联合会于1979年正式承认自由式滑雪项目,并且在运动员及其跳跃技巧方面制定了相关规则,以减少此项运动的危险性。首届世界杯自由式滑雪系列赛1980年举行,1986年在法国举办了首届世界自由式滑雪冠军赛。

中国在1989年开始了自由式滑雪项目,于1994年首次派出2名女选手参加利勒哈默尔冬奥会并且分获第17名和第18名的成绩,这是中国雪上项目参加历

图 4-20　加拿大自由式滑雪运动员 Jennifer Heil 在不列颠哥伦比亚省西温哥华的赛普拉斯山(Cypress Mountain)训练

(图片来源于 https：//www.cbc.ca/sports/2.722/freestyle-skiing-history-1.790944)

次世界大赛的最好成绩。2005 年，李妮娜获得奥地利自由式滑雪及单板滑雪世锦赛空中技巧冠军，也是中国首个雪上项目的世界冠军。

(九)雪车(bobsleigh and tobogganing)

雪车是一种集体乘坐雪橇，利用舵和方向盘控制，在人工冰道上滑行的运动(图 4-21)，1924 年在第一届冬季奥运会中被列为正式比赛项目。雪车一般用金属制成，形如小舟，车首覆有流线型罩。车底前部是一对舵板，上与方向盘相接；车底后部为一对固定平行滑板，车尾装有制动器。目前冬奥会比赛项目雪车，是指有舵雪橇(bobsleigh)与平底雪橇(tobogganing)项目。

雪车作为一种体育运动出现的时间相对较晚，18 世纪 80 年代，两位美国科考人员惠内和蔡尔兹在瑞士的圣莫里茨将两个无舵雪橇前后用木板钉在一起，前面的人控制转弯，并进行了一次比赛。1883 年英国人用平底雪橇装上橇板，并在第二年举行了公开比赛。1890 年，爱好者们又制成装有金属舵板和制动闸的雪橇，称有舵雪橇。1897 年，世界上第一个雪车俱乐部在瑞士成立。1898 年 1 月在克雷斯特朗出现 4 人座有舵雪橇。1903 年第一条人工有舵雪橇线路在圣莫里茨建成。最初的雪橇乘员为 5 人，其中男子 3 人，女子 2 人，到 20 世纪初规则规定只允许男子参加，乘员人数由 5 人减到 4 人。

国际有舵雪橇和平底雪橇联合会成立于 1923 年 11 月，初期还包括无舵雪橇

图 4-21 达沃斯的瑞士雪橇队(1910 年)
（图片来源于维基百科）

运动,直至 1957 年无舵雪橇运动才单独分出,另外成立国际无舵雪橇联合会。男子双人雪橇在 1980 年第 13 届美国普莱希德湖冬季奥运会上被列入比赛项目,而女子双人雪橇直到 2002 年第 19 届美国盐湖城冬季奥运会才成为正式比赛项目。

（十）无舵雪橇(luge)

无舵雪橇也称"运动雪橇"或"单雪橇",是一种乘坐(卧)在雪橇上,通过变换身体姿势来操纵雪橇高速回转滑降的运动。雪橇为木制,底面有一对平行的金属滑板,前部没有舵板,后部也没有制动闸。比赛分男子单座、男子双座、女子单座 3 项。

无舵雪橇起源于北欧,又称北欧雪橇(图 4-22)。据记载,早在 1480 年挪威就已出现无舵雪橇。1883 年 2 月 12 日,瑞士人皮特和澳大利亚人乔治联手进行了一次"伟大的国际雪橇比赛",他们用时 9 分 15 秒滑过在瑞士达沃斯的 4km 赛道。随后这项运动在瑞士、奥地利、德国、意大利以及美国等地迅速兴起。

1957 年国际无舵雪橇联合会(International Luge Federation)成立,决定从 1964 年第九届冬奥会开始进行无舵雪橇比赛,在非冬奥会年份,每年举行世界锦标赛、欧洲锦标赛及各种杯赛。无舵雪橇有男子单人、男子双人及女子单人 3 个比赛项目。男子线路长 1 000m 左右,女子线路长 800m 左右。

图 4-22　德国人鲁杰托马斯科勒在参加无舵雪橇比赛(1964 年)

(图片来源于维基百科)

（十一）俯式雪橇（skeleton）

俯式雪橇又称为钢架雪车，是一项以雪橇为比赛工具的冬季运动项目，它的最高速度可达到每小时 130km，在冬季奥运会中设有男子和女子的个人赛事。俯式雪橇在 19 世纪 80 年代发源于瑞士山区小城圣莫里茨。第一次俯式雪橇比赛在 1884 年举行，参赛者在结冰的道路上竞赛，从圣莫里茨滑到塞勒里那(Celerina)，获胜者得到一瓶香槟作为奖赏。3 年后，瑞士开始出现类似于今天的俯卧式雪橇姿势。1884 年，由 Kulm 酒店的户外娱乐委员会和圣莫里茨人民在瑞士圣莫里茨 Celerina 的 Schlarigna 市 Cresta 小村附近建造了 1.212 5km 的克雷斯塔赛道（图 4-23）。于 1892 年正式定名为 Skeleton，因为这种雪橇的造型类似于人体的骨架，也称骨架雪车。

1923 年在法国，国际有舵雪橇和无舵雪橇联合会提意把俯式雪橇列入第一届冬季奥运会的正式比赛项目，后来在瑞士圣莫里茨冬季奥运会中成为正式比赛项

图 4-23 瑞士的克雷斯塔赛道
（图片来源于维基百科）

目。由于俯式雪橇的危险性高,被长期排除在正式比赛项目之外。在该届冬季奥运会后,直到 2020 年,在盐湖城冬季奥运会中俯式雪橇再次被列入比赛项目。

（十二）现代冬季两项（biathlon）

现代冬季两项运动（图 4-24）由越野滑雪和射击两种运动项目结合而成,要求运动员既要有由动转静的能力,又要有由静转动的能力。运动员身背专用小口径步枪,每滑行一段距离进行一次射击,最先到达终点者即为优胜。

现代冬季两项运动起源于斯堪的纳维亚半岛,由远古时代的滑雪狩猎演变而来。在挪威、荷兰和瑞典等北欧国家考古发现的 4 000 多年前的石制雕刻品中,就刻有两人足蹬雪板,手持棍棒在雪地里追捕动物的情景,这项运动在中世纪开始被纳入军事训练科目。

1767 年,守卫在挪威与瑞典边界的挪威边防军巡逻队,曾举办了第一次滑雪和射击比赛。规定滑完全程,滑行途中用步枪射击 40～50 步远的靶标,成绩最优者可得到价值相当于 20 克朗的奖品,这可能是世界上最早的现代冬季两项比赛。1861 年挪威成立世界上最早的滑雪射击俱乐部。1912 年挪威军队在奥斯陆举行名称"为了战争"的滑雪射击比赛,这个比赛受到多国军队的关注,之后逐渐在欧美国家开展,成为一种体育运动项目。1924 年这项运动被列为首届夏蒙尼冬奥会表演项目,后来在 1958 年举行第一届世界现代冬季两项锦标赛,而 1960 年第八届斯阔谷冬季奥运会上被列为正式比赛项目,并定名为现代冬季两项。

图 4-24 冬季两项赛
(图片来源于维基百科)

我国现代冬季两项运动于 1960 年首先在解放军滑雪队中开展,1980 年在全国滑雪比赛中,现代冬季两项被列为正式比赛项目,同年我国运动员还参加了第 13 届冬季奥运会该项目的比赛。

(十三)北欧两项(nordic combined)

北欧两项运动首先出现在挪威,由越野滑雪和跳台滑雪组成,很早以前就在挪威和瑞典流行,成为北欧地区的传统体育项目,故又称北欧全能。1883 年北欧两项被列入霍尔门科伦滑雪大奖赛,20 世纪初开始向世界各地推广。比赛按跳台滑雪、越野滑雪的顺序进行。跳台滑雪最初为 70m 级,1992 年改为 90m 级;越野滑雪原为 18km,1956 年起改为 15km。北欧两项在 1924 年第一届冬季奥运会即被列为比赛项目,1988 年第 15 届冬季奥运会开始设团体项目,2002 年美国冬奥会上增加了个人追逐(竞速)赛。

(十四)雪上摩托车(snowmobile)

雪上摩托车,也称为机动雪橇,是一种为冬季旅行和雪上娱乐而设计的机动车辆(图 4-25),它可以在冰雪上行驶,不需要修建道路,目前已经成为一项广受大家喜爱的雪地运动。

这种车辆于 1922 年由加拿大的庞巴迪公司开发,1936 年出现正式产品,被命名为 B7 型雪上摩托车并开始销售,所以庞巴迪公司总部所在地加拿大魁北克省也有"雪上摩托车发源地"之称。

图 4-25　运行在密西西比河的雪上电车(1910 年)

（图片来源于维基百科）

老式的雪上摩托车一般可以容纳两个人,后来制造的大多数雪上摩托车都是为单人驾驶而设计的。能够搭载两名骑手的雪上摩托车被称为"2-up"雪上摩托车或"旅行"雪上摩托车,在市场上的份额非常小。除挡风玻璃外,雪上摩托车没有任何外壳,它们的发动机通常在后部运转,前部的滑雪板用来控制方向。

20 世纪下半叶,娱乐性的雪上摩托车运动兴起,人们乘坐雪上摩托车开展雪地穿越、赛车、越野骑行、野营等活动。日本可能是亚洲较早开展雪上摩托车运动的国家,1970 年在日本举行了雪上摩托车的竞速大会,日本的雪上摩托车运动赛开始向大众普及。

2010 年后在中国北方雪场、户外休闲场所开始出现雪地摩托车,随后举办了雪地摩托车比赛。2014 年中国雪地摩托车比赛正式拉开序幕,成为冰雪季节的一大亮点;2015 年雪地摩托车比赛正式升级为"全国雪地摩托越野锦标赛"。

（十五）打雪仗(snowball fight)

打雪仗是一种相互投掷雪球并试图击中他人的冬季户外活动,主要特征类似于躲避球(dodgeball),但一般没有那么强的组织性,主要在冬季降雪充足的时候进行。

打雪仗的历史悠久,1400 年的意大利绘画中就出现了打雪仗场景(图 4-26)。最早有文字记录的打雪仗出现在 1855 年 2 月 12 日的纽约时报,对当时的打雪仗场景进行了详细报道。在 17 世纪伦敦冻结的泰晤士河举办的"霜冻博览会",期间也有打雪仗活动,而中世纪欧洲的一些灯饰和手稿中经常会出现打雪仗的情景。

图 4-26　意大利绘画中的雪球战斗(1400 年)

（图片来源于维基百科）

在美国内战期间，还发生过一起军事雪仗事件，即 1863 年 1 月 29 日在弗吉尼亚北部的拉帕汉诺克山谷，有 9 000 名士兵参与其中。2016 年 1 月 31 日在加拿大萨斯喀彻温省的萨斯卡通市举行的雪球大战，有 7 681 名参赛者，获得了官方吉尼斯纪录，是有史以来规模最大的娱乐性雪仗。2005 年，欧洲开始举办打雪仗的欧洲锦标赛。

1989 年日本北海道为了吸引游客，举办了打雪仗活动，并把打雪仗视为有正式规则的竞技体育项目。第一届比赛就有 70 多支队伍参加，举办至今，每年都有 130 支队伍参赛，这项赛事也被命名为"昭和新山国际雪合战"。

 **课后思考题**

1. 冰雪运动的概念是什么？
2. 冬季奥运会包括哪些冰雪类项目？
3. 谈谈中国冰雪类户外运动项目的发展情况。

户外运动史 HUWAI YUNDONG SHI

第五章

水域类户外运动发展历史

本章要点

水与人类的生活密切相关,自古以来人们需要取水为生、渡水前行,所以对水资源的利用一直伴随着人类社会的发展。在与水打交道的过程中,人类掌握了多种驭水而生的方法,成为人类早期生产生活的重要途经。随着人类社会的发展,有些水域活动方式依然保存下来,但与水相关的活动已经变成人们休闲娱乐方式。这些作为户外运动项目的水域行为,在形式上类似于生产生活手段,但性质和内容存在质的差异。本章将系统介绍各项水域户外运动项目的发展历程,帮助大家理解人类临水游憩的经历。

第一节 水域类户外运动发展概述

水是生命之母,人类活动从一开始就与水源息息相关。譬如,原始人喜欢临水而栖,北方游牧民族经常赶着牛群寻找水草丰茂的牧场,因此,人类开展水上运动的历史可以追溯到人类起源,游泳、泅渡、捕鱼、划船等如今的娱乐方式,在一段很长的历史中是人类必备的生存技能,目前世界上很多贫困地区的人们仍以此为生。

综观历史,人们将在水中求生的技能转化为娱乐活动主要缘于以下三种原因:一是劳作之余人类以生产方式自娱;二是贵族阶层的出现;三是社会进步催生了一些闲雅之士。因此,有些水域类户外运动项目的历史久远,例如游泳、钓鱼等,但也有些项目则出现在近代,例如水上飞、滑水等。

事实上,人们在水中娱乐的方式与在水中劳作的手段并非界限分明,例如,时至今日,钓鱼依然是某些人的谋生之举,即使因闲情雅致而钓,所获也常常烹而食之,因而难以严格区分。这里所要追忆的是指人们在自然水域中以休闲运动为目的的那些运动方式。

水域包括江河湖海,也许还应包括溪流,由于溯溪、溪降等活动通常在山林中开展,且与我们通常所说的水上项目区别明显,所以将在溪流中开展的项目归入山地类户外运动项目群中。本章所述的水域类户外运动主要是指在江河、湖泊和海洋中开展的项目,包括游泳、潜水、钓鱼、冲浪、帆船、帆板、摩托艇、滑水、跳水、漂流、水上飞、皮划艇和水球。

第二节 水域类户外运动项目的发展历程

（一）自然水域游泳(swimming in white water)

游泳是人类的天生行为,刚出生的婴儿即会借助泳圈在水中"游行",所以有关人类在自然水域中游泳的确切起源时间无从考证。研究者们认为,游泳是居住在江、河、湖、海一带的古代人为了生存,要在水中捕捉水鸟和鱼类作为食物,通过观察和模仿鱼类、青蛙等动物在水中游动的动作,逐渐学会的。

有关人类游泳的历史记载,在世界文明古国的历史中都可以找到。考古发现,人类游泳的最早记载是在利比亚沙漠Wodiseri岩洞中的壁画(图5-1)中发现早在公元前9000年的游泳者,那时人类已具备在水中活动的技能,而且发现当时已有蛙泳和水上救生的技巧。中国记载的游泳历史有3000多年,《诗经》中有"泳之游之""汉之广矣,不可泳思""汉有游女"等。保存在柏林州立博物馆的埃及古王国末期的象形文字也显示了埃及游泳

图5-1 古代壁画中人类游泳的场景
（图片来源于维基百科）

者的活动,当时尼罗河沿岸的游泳风气盛行,且有王子练习游泳的记载。《荷马史诗》和希腊、罗马的古典文学中都记载着英雄游泳的故事。公元前36年,日本举办过游泳比赛。虽然我们不能确定游泳的具体起源时间,但可见人类从事游泳运动几乎与人类历史等长。游泳运动由于具有良好的健身、休闲、降热等功能,受到老百姓的喜爱,所以在自然水域中从事游泳活动一直在民间盛行。

游泳运动的价值得到了社会认可,并迅速发展起来,例如2500年前古罗马人修建了供贵族消遣的巨大浴池;18世纪的欧洲军队中开办了游泳学校;1796年瑞士乌普萨拉成立了世界上第一个游泳俱乐部——乌普萨拉游泳者之家;19世纪初一群德国制盐工人开始向当地儿童传授游泳技术;1879年巴伐利亚国王路德维希二世修建了世界上第一座人工游泳池。

随着人类社会的发展,游泳运动的技术和形式也不断进步,人类最先掌握的是

蛙泳技术。1850年澳大利亚人威利斯使用一种双手在水面前移的泳姿,这是蝶泳的雏形。英国泳手约翰·特拉贞于1873年采用一种用蛙泳腿再配合双手交替前爬的泳式。随后,澳大利亚人李察·卡尔又创造了一种"浅打水"的踢腿方法,这是自由泳的雏形。仰泳的早期形式是仰浮在水面上,然后用蛙泳的蹬腿推进。1900年奥运会上出现运动员使用手在水面上过头前移的泳式,1912年奥运会上出现了踩踏式的踢腿方式。蝶泳的划手方法是由德国选手里德麦歇尔在1926年的蛙泳比赛中首次使用,但他仍然使用蛙泳的蹬腿方式,1952年的奥运会之后,国际业余游泳联合会(FINA)决定将此泳式与蛙泳分开,因而增加了蝶泳,而且运动员可以采用海豚式的踢腿方法。花样游泳在20世纪20年代起源于德国、英国等欧洲国家,原为游泳比赛间歇时的水中表演项目,由游泳、技巧、舞蹈和音乐编排而成。1920年花样游泳创始人柯蒂斯将跳水和体操的翻滚动作编排成套在水中表演,后传入美国和加拿大。1984年,花样游泳成为奥运会正式比赛项目。

现代竞技游泳运动始于英国,17世纪60年代流行于约克郡地区,1828年在利物浦乔治码头修建了世界上第一个室内游泳池,1850—1860年,英国与澳洲已有洲际游泳比赛,19世纪中期至20世纪初,世界各国的游泳比赛开始普及起来,游泳也被列为1894年的奥运项目。1837年英国游泳协会成立,并举办了英国最早的游泳比赛,当时英国已经兴起在室内泳池游泳。英国业余游泳总会(前身为都会游泳总会)于1869年成立,是世界上第一个国家游泳总会。1908年国际业余游泳联合会(FINA)成立。竞技游泳的发展推动了游泳运动的普及,使其在世界范围内的各个阶层广泛开展,每年举办的正式和业余比赛不计其数。

有关人类冬泳的历史记载几乎空白,经多方考证,我们发现冬泳(图5-2)起源于人类的生活和宗教活动,芬兰和俄罗斯这两个地处寒带的国家可能是人类冬泳的诞生地。芬兰位于北欧,一年有6个月处于冰天雪地之中,由于气候寒冷,人们常年不出汗,在公元5—8世纪,芬兰人发明了"桑拿"以达到驱汗强身的目的,出汗一段时间后,人们需要淋浴清洁和冷却身体,有些桑拿建在湖边,大胆者就直接跳进湖里,因此逐渐演化出了现在的冬泳运动。俄罗斯人从事冬泳与东正教的"洗礼"有关,作为基督教的一个分支,东正教每年俄历1月6日举行祭祀耶稣诞辰的活动,为了效仿犹太人在约旦河举行的洗礼,一些教徒跳进冰冷的河水里,认为经过洗礼会去病强身,罗马史学家马赛林(公元325—391年)记述了公元361年东正教祭祀活动中的此种场景。公元988年东正教被弗拉季米尔大公接受,开始在俄罗斯迅速发展,由此推断,俄罗斯人从事冬泳运动至少有1000年的历史。中国从事冬泳运动是在20世纪初,受俄罗斯东正教洗礼的影响,一些中国教徒也效仿俄罗斯侨民跳进松花江的冰水中接受洗礼。

毛泽东主席是一位知名游泳爱好者,他于1958年1月7日在邕江冬游,是目

图 5-2 冬泳者

(图片来源于 https://www.jiemian.com/article/1751651.html?_t=t)

前有记录的中国近代冬泳第一人,随后全国掀起向毛泽东主席学习的号召,全国多地开展冬泳运动,例如 1961 年武汉人邹金宁在长江冬泳;1976 年哈尔滨市蔬菜公司干部潘建章和周茂林在松花江冬泳;1975 年武钢职工戴振林组建武汉冬泳队。目前中国已有 29 个省市自治区组建了 165 个冬泳业余协会,已经举办了 18 届全国冬泳锦标赛。

美国冬泳爱好者布雷克拉被人们称为"人类的北极熊",1957 年和 1960 年他在严寒中两次尝试横渡英吉利海峡。1963 年,他创造了在气温 -18 ℃、风速 64km/h 的冰水中游泳的纪录。日本珠穆朗玛峰登山队的大泽茂男于 1980 年元旦在喜马拉雅山的澜斑冰湖等极寒地带进行过游泳,1981 年 1 月他在位于珠穆朗玛峰 5 300~5 400m 处的一个无名湖中破冰畅游,成为世界上第 1 个在海拔 5 000m 以上空气稀薄、覆盖着冰雪的湖水中冬泳的人。中国的王刚义被誉为"中国冰人",先后 7 次创造冬泳极限世界记录,是第一个在智利大冰湖游泳的人和在南极游泳时间最长的人。

人类在自然水域中的另一项重要活动是横渡,据考证有记录的关于人类开展横渡海峡的活动最早是 1810 年 5 月 3 日英国诗人拜伦为了缅怀一对传说中的恋人,用 1 小时 10 分横渡了 1 008m 宽的赫勒斯滂海峡(今达达尼尔海峡),揭开了近代体育史上横渡海峡的篇章。人类历史上第一次横渡英吉利海峡是 1815 年滑铁卢战役中被俘的法国士兵萨莱蒂,他历尽千辛万苦,横渡英吉利海峡,逃回祖国,创造了人类征服大自然的奇迹。美国女游泳运动员考克斯在 1976 年横渡南美麦哲伦海峡,1987 年横渡白领海峡,创造了人类横渡这两条海峡的历史。土耳其博斯普鲁斯海峡洲际跨海游泳比赛开始于 1989 年。1986 年 8 月 22 日我国台湾省游泳健将王瀚从西班牙最南端塔里法下水,至下午7时游抵直布罗陀海峡对岸的摩洛哥,这是人类第一次横渡地中海的直布罗陀海峡。戴温帕特在1962年横渡新西兰库克海峡,当时他只有27岁。1934年9月,在张学良将军与体育界人士的倡导下,湖北省武汉市举办了第一届横渡长江活动。开启我国海峡横渡的第一人是北京体育大学教师张建,他于1988年3月21日横渡琼州海峡,2000年8月横渡渤海海峡,2001年7月29日成功横渡英吉利海峡。

(二)潜水(scuba diving)

历史记载,人类从事潜水活动可以追溯到距今五千年之前,那时人类潜水的主要目的是寻求食物、采集海洋中的生物标本,以及进行一些拯救行动。后来,潜水被用于打捞和军事行动。

最早有关人类潜水活动的记载是公元前三千年克里特人潜入海底获取海绵和公元前2200年中国人潜入海底寻找牡蛎里的珍珠。潜水用于军事的鼻祖可能是在2800年前,米索不达文化全盛时期,阿兹里亚帝国的军队用羊皮袋充气,由水中攻击敌军。

公元1500年,人类发明"潜水钟"以延长呆在水底的时间;1620年,荷兰物理学家科尼利斯·德雷尔成功制造出人类历史上第一艘潜水船;1720年,英国人利用一只定做的木桶潜到水下20m深的地方成功地进行海底打捞。

今天职业潜水的前身是160年前英国人郭蒙贝西发明的头盔式潜水(图5-3),即通过连接在水面母船上的管子保证潜水员的呼吸,这种潜水装置于1854年首次在日本出现。

1924年开始出现用玻璃做的潜水镜,利用帮浦(一种泵)从水面吸取空

图5-3 依托母船供氧的头盔式潜水
(图片来源于维基百科)

气的"面罩式潜水器",这是水肺潜水器的前身。当年日本人采用这种装置潜入地中海海底70m处,成功地捞起沉船八阪号内的金块。第二次世界大战期间,出现了一种特殊的军用"空气罩潜水器"(图5-4),采用的是密闭循环系统,附带空气

瓶。1943年法国海军少校库斯陶设计出一种具有150～200个大气压的背负式压缩空气瓶水中呼吸器，从而使潜水员可以远离母船作业。1945年前后这种潜水器在欧美流行。这就是现在我们看到的和人们主要参与的潜水活动：背着空气瓶，穿着脚蹼、潜水服和潜水镜，即水肺式潜水（scuba diving）（图5-5）。

图5-4　空气罩潜水器

（图片来源于http://www.sohu.com/a/33635736_228644）

图5-5　水肺式潜水

（图片来源于海妖潜水俱乐部官方网站）

20世纪20年代潜水运动在欧洲盛行,并传入美国,50年代,空气瓶和水肺的出现加速了潜水运动的发展,数不清的潜水协会和培训机构纷纷建立,教人们使用空气瓶和水肺潜水。最早的潜水组织是1953年在英国成立的英国潜水协会(BSCA);1959年世界潜水活动联盟(CMAS)成立;1959年美国潜水员指导协会成立。至今,世界上已有几百个国家和地区性质的潜水运动组织。世界潜水活动联盟1959年在巴黎成立,每年都举办国际和洲际潜水比赛。随着潜水装备的进步和世界潜水文化的发展,参加此项运动的人数越来越多。

中国现代潜水运动起步较晚,20世纪40年代以前的潜水活动主要用于军队训练。推动中国民间潜水运动发展的是德籍华人诺达尔,他于1955年成立潜水俱乐部,开始在中国推广潜水运动。1959年,中国潜水运动得到了政府体育部门的支持,1964年11月在广东湛江举行了第一届潜水比赛。休闲潜水运动可能开始于20世纪80年代。1960年林斌成为中国第一代潜水员,1986年4月他带着26名美国游客到三亚潜水旅游,这是海南第一批潜水游客,当时海南人还不知道潜水旅游。现今潜水旅游已经成为三亚、湛江、长岛、千岛湖等地的重要旅游项目,各地纷纷成立专业潜水俱乐部和潜水培训学校,推动中国潜水运动的发展。但是纵观中国休闲潜水运动的发展情况,它的发展依然缓慢,还只是少数富人和发烧友的游戏,普通民众只是在旅途中略微尝试,此项运动在中国尚有很大的发展空间。

水肺的出现使潜水运动迅速传播,普通人借助水肺的帮助也可以自由潜行,享受水底世界的曼妙。但是自由潜水(不用装备)的魅力一直存在于人类心中,虽然出现了水肺,但自由潜水依然没有被摒弃。1970年以前,自由潜水被当作极限运动开展,而电影《碧海蓝天》点燃了游泳爱好者对自由潜水的激情,经过几十年的发展,1992年国际自由潜水协会(AIDA)在法国成立,迄今提供了230多项自由潜水记录。

潜水运动的发展也带动了水下活动的乐趣,20世纪50年代,美国已经有人兴起拍摄水底照片,《生活》杂志记录了1954年8月举行的一场水底婚礼。但当时的水底照相是摄像师在玻璃缸外用相机拍摄里面的情形。

(三)钓鱼(fishing)

鱼是生活在水边的人们的主要食物,所以人类很早就学会捕鱼,也许渔业的历史可以追溯到人类起源。德国马克斯·普朗克协会等机构的研究人员通过对中国周口店遗址田园洞出土的早期现代人遗骸进行稳定同位素检测推断,约4万年前的人类食物结构中鱼就占了很大比重。从陕西省西安半坡村和黑龙江省小兴凯湖岗上出土的6 000多年前的物品中就有用鱼骨制成的鱼钩,这些鱼钩已经磨出了倒刺和栓钓线的槽,可见,当时钓鱼技术已经达到较高水平。郭伯南等著的《中华风物探源》中说:"中国钓鱼史至少已有7 000年",而在东帝汶、巴布亚新几内亚都发现了距今约20 000年左右的鱼钩,其中在日本琉球发现了一枚距今23 000多年的贝壳鱼钩(图5-6)。

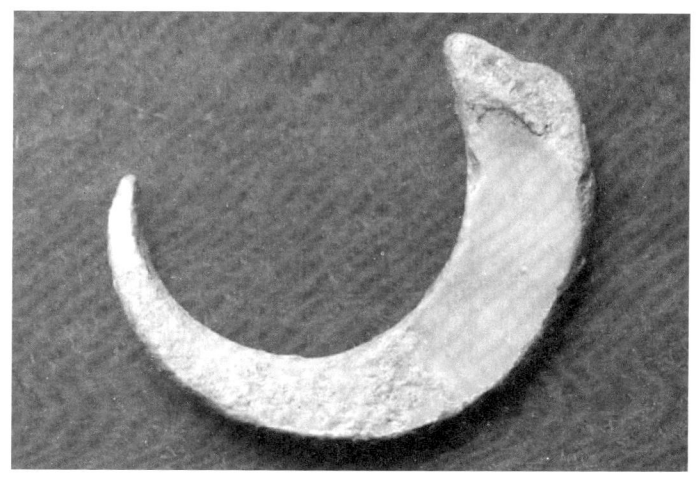

图5-6 发掘于日本琉球的贝壳鱼钩
(图片来源于https://www.jianshu.com/p/49eb17430b33)

但是钓鱼在很长一段时间内主要是人类的生存之道,也正是缘于钓鱼与人类生活的密切关系,到底钓鱼运动具体是从什么时候开始的,至今尚难定论。从以钓鱼为生演化到钓鱼休闲的过程中,以钓鱼为消遣方式的活动应该早已有之,钓鱼从普通老百姓的劳作方式转化为一种玩乐的方法,应得益于少数风雅之士的闲作,这种主要存在于上层社会的钓鱼活动不是我们现在论及的户外运动项目。

钓鱼真正成为一项大众运动项目可以追溯到15世纪末,1496年英国人还出版了一本专门介绍钓鱼技术的书——《钓具制作与钓鱼方法》。16—17世纪,钓鱼运动在欧美国家开始兴盛起来,300多年前的钓鱼大师爱扎克·沃尼顿曾预言:钓鱼将成为全世界人们喜爱的活动。

第二次世界大战后,和平的社会环境使钓鱼运动迅速发展,1952年,由英国牵头在罗马成立"国际钓鱼运动联合会",通过举办各种国际性的钓鱼比赛促进各国钓鱼选手的交流。目前国际上比较著名的钓鱼活动包括国际钓鱼锦标赛、英国钓鲤鱼比赛、国际海钓比赛、世界户外钓鱼大赛等。每年世界各地举办的各类钓鱼比赛不计其数,但参加者主要是中老年人。中国钓鱼运动从20世纪50年代开始,80年代迅速发展,并于1983年9月成立"中国钓鱼运动协会",1984年创刊《中国钓鱼》杂志。

现代钓鱼装备主要包括鱼钩、钓线、钓竿、浮漂和线轮。考古资料显示,最早采用的鱼钩是用木、植物的刺、动物骨头、石头等磨制,鱼吞下钩后,拉线卡住鱼脖子,达到捕鱼目的。人类发现并使用金属是金属鱼钩出现的前提,因此,有西方学者推测天然铜制鱼钩可能有上万年的历史。考古发现,在大约公元前3800年的多瑙河下游的博伊文化中出土了用铜丝做的鱼钩;1496年出版的《钓具制作与钓鱼方法》一书中就有教导人们采用锉和钢丝制作鱼钩的内容,这意味着鱼钩的发展历史可能跟人类冶金技术同步。

人类早期采用的钓线多种多样,藤、草、麻等都被用作钓线,直到16世纪英国人采用马鬃才保证了钓线的质量,不久蚕丝也被用作钓线。19世纪末20世纪初,马鬃、蚕丝制作的钓线已经应用得非常普及。现代工业的发展不断改良钓线,20世纪初聚酯钓线开始出现,随后纤维钓线和尼龙钓线也相继问世,但是蚕丝、钢丝和棕绳等钓线依然在特殊环境中被采用。

相比于鱼钩和钓线的进步,钓竿材料的发展要晚得多,以竹子和树为原料的钓竿一直使用到20世纪,直到1946年美国莎士比亚商品公司(Shakespeare Products Company)生产出世界上第一款玻璃纤维(俗称玻璃钢)钓竿,钓竿家族才有了新成员,随后钓竿材料不断革新,1973年美国芬威克(Fenwick)公司制造出世界上第一支碳素纤维(俗称碳素钢)钓竿,2009年英国英大钓具公司研制出了世界上第一支纳米硼纤维钓竿。

(四)冲浪(surfing)

没有人知道古波里尼西亚人(Polynesian)何时开始从事冲浪活动(图5-7),15世纪时的夏威夷诗歌中就已有冲浪的记载,而夏威夷冲浪文化最早可追溯到公元500年至800年间。欧洲人最早目击冲浪是1767年由达尔芬(Dolphin)的船员在大溪地所记录。之后,1779年库克船长死亡时,詹姆斯·金中尉发现它的日志中也记载了冲浪活动。

图5-7 记录古波里尼西亚人冲浪的画作
(图片来源于维基百科)

1820年传教士的到来使夏威夷冲浪运动进入黑暗期,直到1898年美国收复夏威夷主权,大力推动当地的观光旅游业,冲浪运动才再次兴起。1907年乔治·弗瑞什将冲浪带到了加利福尼亚,同年,英国著名作家杰克·伦敦和妻子到夏威夷度假,目睹并喜欢上了冲浪运动,写下《A Royal Sport：Surfing in Waikiki》向英国大众介绍和描述了夏威夷的冲浪场景。1908年美国人在威基海滩建立了Outrigger Canoe Club冲浪俱乐部,1911年另一个冲浪俱乐部HuiNalu成立。20世纪初,冲浪运动在夏威夷岛几乎消失了,只有零星的冲浪者在Maui和Kauai等少数几个岛屿上继续活动。

夏威夷人杜克·卡哈那摩古(Duke Kahanamoku)(图5-8)代表美国参加了1912年瑞典奥运会的冲浪比赛,并获得冠军。随后,他作为夏威夷民间大使访问了很多国家,也将冲浪运动推向世界。冲浪爱好者们认为,杜克·卡哈那摩古是现代冲浪运动的创

图5-8 杜克·卡哈那摩古
(图片来源于维基百科)

始人。1915年2月杜克受邀访问澳大利亚,并在曼利的淡水沙滩(Freshwater Beach in Manly)向澳大利亚人展示了冲浪技术,因此将这项运动引入澳大利亚。但是直到20世纪60年代,冲浪还只是在加利福尼亚、夏威夷和澳大利亚开展的一项少数人参加的运动,直到电影《Gidget》播出才激发了人们对冲浪的喜爱,形成全球性的风潮。

第二次世界大战后,塑料冲浪板的出现进一步促进了冲浪运动在世界范围内的发展。1956年,好莱坞剧作家彼得·维托尔(Peter Viertel)将冲浪运动带到法国。1960年,冲浪运动传入亚洲。

冲浪运动传入中国可能是在1985年,当时国家体育总局获悉冲浪可能成为奥运会项目,便从澳大利亚请来教练,从水上运动中心抽调几名教练员,准备办第一届冲浪培训班,由于当时没有找到合适的水域,以及冲浪也没有进入奥运会,培训班就不了了之,而金年中等几名准备参加培训班的教练员可能是中国最早从事冲浪运动的人。2004年,日本一家旅游公司在海南寻觅了一处适合冲浪的水域,并于2006年首开培训班,冲浪运动再次在中国播下火种。随着海南国际旅游岛的建设,冲浪作为其中的一个旅游项目得到政府的大力支持,目前海南已有10余家冲浪俱乐部,但是从目前国内冲浪运动发展的情况看,来海南冲浪的主要是外国人,从事冲浪运动的中国人依然寥寥无几,还只是少数富人和发烧友的消遣方式。

澳大利亚人酷爱冲浪运动,常年举办各种冲浪比赛,首届冲浪世界锦标赛于1962年在澳大利亚曼利举行,该项赛事每两年举行一次。少数冲浪发烧友还采用冲浪进行极限挑战,最早从事冲浪极限运动的是法国人庇隆和皮夏凡,于1986年

从非洲西部的塞内加尔出发,横渡大西洋,二月下旬到达中美洲的法属德罗普岛,历时24天12小时。

(五)帆船(sailing)

帆船[1]的起源可以追溯到石器时代,有人推断第一面帆是用树叶或兽皮做成的,而第一条帆船也可能就是在独木舟或木排的基础上创造出来的,但这些都已无法考证。总之,帆船的存在是人类与大自然作斗争的一个见证,它的历史和人类文明同样悠久(图5-9)。

人类最早的正式帆船起源于古埃及。约在4700年前,已有木帆船航行于尼罗河和地中海。2000多年前,中国帆船的航迹已远渡到日本等地,这比哥伦布发现新大陆早80年。最早有关帆船比赛的描述是公元前70年,古罗马诗人维基尔在叙事诗《伊尼特》中详细地描述了特洛伊到意大利的一次帆船竞赛活动,由此推断,帆船运动的历史比较久远,但可能只是贵族和上层社会的娱乐方式。

现代帆船运动起源于荷兰。古代的荷兰,由于地面低于海平面的特殊地理环境,开了很多运河。这样一来,使用小帆船进行运输和捕鱼较为普遍。当时有一种叫"Jaght"的船(图5-10),荷兰语意思是狩猎船,通常被用作征税和传令。1660年荷兰的阿姆斯特丹市长将一条名为"玛丽"的帆船送给英国国王查理二世,由此揭开帆船运动的序幕。16—17世纪,不少荷兰贵族也选用这种帆船进行娱乐和体育活动。1662年查理二世举办了英国与荷兰之间的帆船比赛,1720年爱尔兰成立皇家科克帆船俱乐部。到了17世纪,威尼斯开始定期举办帆船比赛。1851年英国举行环怀特岛国际帆船赛;1870年美国和英国首次举行横渡大西洋的美洲杯帆船赛;1896年帆船成为第1届奥运会比赛项目[2]。18世纪初,俄罗斯圣彼得堡成立了帆船俱乐部,19世纪欧美其他国家也纷纷成立了帆船俱乐部,帆船运动在民间迅速发展。1907年,在英国的倡导下,国际帆船联合会在法国成立。

日本是亚洲开展现代帆船运动最早的国家,在20世纪60年代日本帆船运动协会就制定出竞技帆船长期发展规划。1971年,帆船运动传入中国台湾,由海军主导的帆船协会为台湾帆船运动的发展奠定了基础。我国现代帆船运动是从1979年开始的,1980年后,山东、上海、湖北、广东、江苏等省市相继组建帆船运动队进行系统专业训练。深圳蓝帆俱乐部成立于1998年,是中国第一家帆船俱乐部。帆船运动进入中国已有10余年历史,海南、深圳、北京、青岛等地共有帆船俱

---

[1]World Sailing. A short history of world sailing[EB/OL]. 2019-09-01. https://www.sailing.org/about/history.php#.XWtn0PZuJpw.

[2]Infoplease. Sailing:History of Sport Sailing[EB/OL]. 2019-09-01. https://www.infoplease.com/encyclopedia/life/sports/info/sailing/history-of-sport-sailing.

图 5-9 世界不同国家的帆船

（图片来源于 http://www.gonautical.com/blog/wp-content/uploads/2015/10/sailing-vessels）

图 5-10　一幅绘画中的帆船(1748—1819 年)
[图片来源于佳士得(CHRISTIE'S)拍卖行官方网站]

乐部数 10 家,但中国的帆船玩家依然较少,因为高昂的费用是普通民众难以承担的。

(六)帆板(windsurfing)

帆板是一项介于帆船和冲浪之间的新兴运动项目(图 5-11),源于美国的加利福尼亚。1965 年美国人纽曼在《流行科学》杂志著文《航行的滑板——一种新兴刺激的高速水上运动》,介绍在冲浪板上装置帆具,借助风力推动行驶。文中所介绍的帆板要求人背向帆操作。因为这种操作不符合人体解剖学的规律,难以驾驶,并没有引起人们的兴趣。加利福尼亚是许多新艇运动及游戏的发源地,有些酷爱滑水和航海的人注意到这一信息,有志者开始了对帆板的研制。1967 年美国加利福尼亚马里纳德海港出现一种加长冲浪板,上面装有能转动的桅杆,受到青少年的青睐。1970 年 6 月,美国一位冲浪爱好者兼电脑技师修万斯用 3 年时间研制成了操作人员面对帆驾驶、工艺简单又轻便灵巧的帆板,取名风帆(windsurfer),他本人驾驶这样一块形态奇异的光秃秃的木板出现在加利福尼亚的海域。3 小时后,他安然返回岸边,此后,在当地很快兴起帆板热,不久便流传到欧洲、澳洲和东南亚一带。

欧美国家很快建立起了教授帆板的学校,到 1978 年仅英国就建立了 26 所。

图 5-11 在比赛中的帆板运动员

(图片来源于 http://www.hinews.cn/news/system/2007/09/17/010149218.shtml)

邓记公司1973年开始在荷兰批量生产帆板,到1978年底就售出50 000条。大量的帆板器材涌入市场,极大地推动了帆板运动的开展,很快使其风靡世界,并培养出一批驾驶技术超群的选手。

1970年1月,马里布帆船俱乐部举行了帆板冬季邀请赛,这是世界上第一次帆板比赛。1972年,在加拿大举行了第一次帆板世界锦标赛。1980年奥委会决定于1984年第23届奥运会的帆船比赛中增设男子帆板比赛。

日本是亚洲开展帆板运动最早的国家,早在1973年就开展此项活动,其后是泰国、新加坡、中国香港等地。中国在1979年由国家体委青岛航海运动学校试制成功第一条帆板,在第4届全运会摩托艇比赛开幕式上做了成功的表演,并获得了各方面的认可。1980年12月各省市派教练员参加了由国家体委青岛航海运动学校举办的教练员训练班。1981年8月,在青岛举行了中国首次帆板竞赛。由于帆板运动的消费较高,目前中国只有少数人参加这项运动。

(七)摩托艇(motor launch)

摩托艇运动起源于19世纪末的英、德、美等一些工业发达的国家,是驾驶以汽油机、柴油机或涡轮喷气发动机等为动力的机动艇在水上竞速的一种体育活动。世界上第一艘摩托船是由德国人戴姆勒在1886年建造的,1887年他又设计制造了一艘装有两个4马力发动机的摩托船,并在1889年的巴黎博览会上展出。1888年奔驰汽车发明了电点火引擎,1901年普莱斯特曼将这款发动机安装到海船上。

1902年世界上主要汽车生产企业开始制造摩托船,用于制造汽车的先进内燃机引擎同时被用于制造摩托快艇。这种本来用于提高航运速度的新型船只在渔民闲暇时被当作一种娱乐工具,同时摩托船制造企业也希望通过这种业余比赛检验产品质量。1903年,第一次摩托艇比赛在爱尔兰Cork举行。同年,美

图5-12 比赛中的摩托艇运动员
(图片来源于国家体育总局官方网站)

国20多个动力艇俱乐部联合建立统一组织"美国动力艇协会",制定了摩托艇竞赛的相关规程,开始有规划地举办摩托艇比赛(图5-12)。国际摩托艇联盟于1922年在比利时的布鲁塞尔成立。

推动摩托艇运动发展的是内燃机引擎的进步。1887年的发动机只有4马力,而到了1905年发动机达到80马力,航速达到25.75海里(1海里=1 852m)。1924年舷外发动机出现,1978年澳大利亚人沃比驾驶无限制的喷气式发动机艇创造了每小时511.11km的航速记录,1980年美国人泰勒设计建造的一艘以火箭为动力的快艇速度达到每小时航行563km。速度是摩托艇运动的本质,1981年国际摩托艇联盟发起组织了"F1摩托艇世界锦标赛",这是摩托艇运动的最高水平,时速至少为250km,从0~100km/h加速只需3.5s。

中国于1956年7月开展摩托艇运动,1958年在武汉举行了首次全国比赛,中国航海运动协会于1980年12月11日加入国际摩托艇联盟,中国摩托艇队正式参加国际摩托艇联盟的各项比赛。1986年中国摩托艇协会在北京成立。受制于昂贵的费用,目前中国主要发展竞技摩托艇运动,大众摩托艇项目主要是一些景区内为游客提供的体验式活动,从事摩托艇运动的普通民众群体较小。

(八)滑水(water-skiing)

滑水运动(也称水橇运动)的前身是冲浪和滑雪运动。关于滑水运动的起源,目前有3个版本:①1921年,在法国阿纳西,一名滑雪者看见有人驾着一叶扁舟在水面漂浮。这一平常的现象忽然触动了他的灵感,他努力说服了一条拖驳的主人在里昂湖上用拖驳拖他。最后,他终于掌握了用滑雪板在水上滑行的本领,从而创

造了滑水运动;②20世纪初,在一次欧洲速降滑雪比赛中,一名英国滑雪运动员因控制不住,偶然从一条冰雪融化的河谷上一掠而过。此事启发了这位勇敢的英国人创造了滑水运动,水橇之名即源于此;③美国人拉尔夫·威尔福德·塞缪尔森于1922年7月2日,用两块像雪橇一样的板子和一根布绳子在明尼苏达的Pepin湖上完成了人类首次滑水运动。1966年,美国滑水协会认定当年18岁的拉尔夫是滑水运动的创始人,这个观点也得到了广泛认可,但不排除美国人的自我保护心理。不过,另一项文献资料显示:1914年7月15日,英国约克郡体育协会举行的水上运动比赛中有水橇竞速比赛,是世界上第一次有正式文字记载的滑水比赛,因此滑水运动起源于20世纪初的英国可能性较大。

20世纪50年代之前,滑水运动还只是那些居住在水域丰富地区的人们的活动。机动船只的进步为滑水运动的发展带来助力,第二次世界大战后滑水运动发展迅速。1933年美国滑水运动协会成立,并在当年举办了美国滑水锦标赛。1946年世界滑水联盟成立,于1947年举办首届欧洲滑水锦标赛,1949年举办首届世界滑水大赛。现在全球约有3 000万以上的滑水爱好者(图5-13),仅美国威斯康星州就有100多万的滑水发烧友。滑水运动也于1981年被列为奥运会比赛项目。

图5-13 滑水运动爱好者
(图片来源于太平洋摄影博客)

80多年来,滑水发生了巨大改变。当初,拉尔夫是由他的哥哥用一根布绳子拉着在湖面滑行,现在摩托快艇、直升机都已经成为滑水的牵引力。滑水技术也发生了改变,花样滑水、回旋滑水和跳跃滑水是目前滑水比赛的3个传统项目。1925年,在Pepin湖举办的一个展览会上,拉尔夫利用一个抹油的斜坡完成了人类第一次跳台滑水。1940年,杰克·安德森发明了花样滑水。1939年,比利时人将滑雪运动中的回旋技术引入滑水运动,创造了回旋滑水技术。另外一项比较重要的滑水项目是艺术滑水,20世纪60年代,一些美国专业滑水运动员不满足于一般性的训练和比赛,创造了多人及多项目的滑水组合,并在一些公众场所进行表演,逐步演变成一个相对于竞技滑水独立的门类——艺术滑水,美国于20世纪70年代初开始举行全国性的艺术滑水比赛。

滑板滑水(wakeboard)是滑水项目的另一个重要分支,它发源于冲浪运动,由圣地亚哥冲浪运动员托尼·芬在1985年发明的。20世纪90年代,奥·波林使滑板更窄以区分冲浪板,里德蒙发明了"双尖"滑板,因此确立了滑板的标准特征。1990年里德蒙成立世界滑板滑雪协会,并在1992年举办了第一届全美滑板划水比赛。里德蒙利用该组织在世界范围内推广滑板划水运动,并于1998年举办第一届世界滑板划水锦标赛。

中国滑水运动开始于19世纪60年代,1982年举办第一届全国滑水锦标赛,1986年中国滑水协会成立。经历30余年的发展,中国滑水运动依然是为了满足竞技体育的需要,普通民众很少参与。

(九)跳水(divving)

跳水是一项优美的水上运动,它是从高处用各种姿势跃入水中,或是从跳水器械上起跳,在空中完成规定动作姿势,并以特定动作入水的运动。跳水运动包括实用跳水、表演跳水和竞技跳水。

在伦敦大不列颠的博物馆里,陈列着公元前500年的一只陶质酒杯,杯上绘有一个人正勇敢地从船舷上跳入海中,这是现存最古老的跳水运动物证之一。而意大利一座建于公元前480~470年的古墓内有一幅描绘人从高墙上跳入水中的壁画(图5-14),这意味着当时跳水运动在欧洲已经比较流行。

图5-14 意大利壁画中的跳水者
(图片来源于维基百科)

中国早在宋代就有了跳水活动,并且有一定的技术水平。斯堪的纳维亚半岛、地中海、红海一带的码头工人、船工、渔民在17世纪就盛行从悬崖峭壁或固定的建筑物上跳水,并逐渐发展为现代的跳台和跳板跳水。

中国在宋朝以前出现一种新奇的跳水方式,当时叫"水秋千",表演者借助秋千使身体凌空飞起,在空中完成各种动作之后直接落入水中(图5-15)。竞赛性质的跳水从19世纪80年代开始在英国兴起。19世纪末期,几名瑞典的跳水选手来到英国进行了几次表演,这促进了第一个跳水组织的诞生。1901年,业余跳水协会在英国成立。

图5-15 宋朝的水秋千

(图片来源于http://www.mydrivers.com/)

1900年,瑞典运动员在第2届奥运会上做了精彩的跳水表演,一般公认这是最早的现代竞技跳水。人们在自然水域里跳水的历史一直没有间断,这种行为是在自然水域游泳时的娱乐之作。竞技跳水比赛通过电视传递到千家万户,这激发了更多的人尝试跳水运动,他们在自然水域中模仿专业运动员的跳水动作。

(十)漂流(rafting)

漂流曾是人类一种原始的涉水方式,最初起源于爱斯基摩人的兽皮船和中国的竹木筏子,是为了满足人们的生活和生存需要。人类历史上有记载的第一次漂流行动发生在1811年,怀俄明州的土著居民试图用船渡过杰克逊洞穴下方的Snake河,最后由于河水湍急而未能成功。19世纪40年代早期,美国士兵琼·福瑞蒙特发明了漂流橡皮艇,用于考察Rocky山脉和大平原。

户外运动史 HUWAI YUNDONG SHI

漂流成为一项运动是从第二次世界大战之后才开始的,一些喜欢户外活动的人尝试着把退役的军用充气橡皮艇作为漂流工具,逐渐演变成今天的漂流运动。1958年美国人杰克·卡瑞希望造出一条能够航行在犹他州南部的三卷河上,由于这条河的危险性高达4~5级,不适合一般船只航行,所以他想到了军队退役的皮筏子,这可能是第一条用于漂流的皮筏子。随后,在1960—1970年间,美国成立了多家以开发自然水域漂流为主业的公司,为普通民众提供漂流体验服务(图5-16)。可以说,企业是推动漂流运动发展的重要动力。1972年,漂流成为慕尼黑奥运会的比赛项目,这个项目一直保留到1996年的亚特兰大奥运会,随后漂流比赛的难度增加,也就是现在我们在夏季奥运会上看到的激流回旋比赛。

图5-16 1971年在Chattooga河上漂流
(图片来源于https://www.wildwaterrafting.com)

中国漂流运动开始于20世纪50年代,进入80年代后,中国漂流运动开始迅速发展,1985年6—7月,西南交通大学电教摄影员尧茂书单人在人迹罕至的长江上游漂流了1200余千米,拉开中国现代漂流运动的序幕。1986年的长江漂流和1987年的黄河漂流具有里程碑意义。进入90年代以后,中国漂流运动开展得更加频繁,期间大型漂流活动就组织了7次。漂流运动的惊险刺激性迎合了大众需求,目前中国已经开发的漂流景点有70余处,漂流已经成为许多人闲暇时的消遣方式,漂流也成为一项重要的户外运动产业项目(图5-17)。

(十一)水上飞(hydrospeed)

水上飞也称作淡水滑板,推动这项运动发展的一位重要人士罗伯特·考尔森说:"任何人抱着一截木头跳到水里漂行,就是在从事这项运动"。20世纪70年代,法国阿尔卑斯山地区的一些漂流导游想找到更刺激的水上活动,所以他们把一些救生衣连接在一起,扔到湍急的水流里,然后趴在这堆物体上漂流。为了更好地控制漂流工具,不久,他们采用单人潜艇外壳,就这样塑料水上飞诞生了(图5-18)。

图5-17 漂流游客　　　　　　　　　　图5-18 水上飞爱好者
(图片来源于微软公司所属搜索引擎)　　　(图片来源于必应图片)

20世纪80年代末,美国人罗伯特·考尔森尝试用冲浪板在加利福尼亚附近的河流漂行,最后他自己制作了更大、更厚并带有把手的漂行板。1986年,歌德·黑结束漂流导游工作后的一段时期内,利用自己的冲浪板在新西兰皇后镇附近的Kawarau河上漂行。后来,欧洲人为了避免在漂行过程中与他人相撞导致受伤,发明了泡沫塑料板,这就是Hydrospeed。因此,目前水上飞的工具有两种:美国人使用的Riverbarding和欧洲人使用的Hydrospeed。

之前,人们主要在内河里从事这项运动,20世纪90年代后,一些探险家开始采用这种方式进行溪降、瀑降,例如,专业探险家迈克·洪就乘Hydrospeed漂流勃朗峰冰川和亚马逊河。水上飞这项在欧美国家备受喜爱的探险项目,目前在国内仅有少数爱好者尝试。

(十二)皮划艇(white water canoeing)

人类使用舟船的历史悠久,在距今7 000多年的田螺山考古工作中就发掘出了一件完整的独木舟模型(图5-19)。几千年来,由于生产的发展和社会的进步,独木舟已为其他船艇所替代,但是在一些边远、偏僻地区,独木舟仍有其独特的生命力,如南太平洋的萨摩亚群岛人、哥伦比亚的海达人、加拿大的印第安人,以及中国西藏、云南、广西等一些少数民族地区,至今仍在制造和使用独木舟,并且还组织民间的独木舟竞渡比赛。

皮划艇是独木舟的一个类型,最早是北美洲格陵兰岛上的爱斯基摩人用动物

户外运动史 HUWAI YUNDONG SHI

图 5-19　田螺山遗址出土的独木舟模型
（图片来源于 http://roll.sohu.com/20140529/n400202163.shtml）

皮包在木架子上制作的兽皮船。现代皮划艇运动是从 1865 年开始的，苏格兰人麦克格雷戈以独木舟为蓝图，仿制了一条名为"诺布·诺依"号的小船，长 4.57m，宽 0.76m，重 30kg。麦克格雷戈从 1865—1867 年划船周游了法国、德国、瑞典等欧洲国家，编写了《诺布·诺依千里行》一书，从而积极推广了皮划艇运动。1867 年，他创建的英国皇家皮划艇俱乐部举办了第一次皮划艇比赛。

此后，皮划艇运动逐渐兴起，到 19 世纪末，皮划艇运动已成为欧美各国广泛开展的一项体育活动。在皮划艇运动的发展过程中，不少人为了提高船速而热衷于艇形的改造，19 世纪末德国工程师赫曼根据自己的经验，将皮划艇制造成鱼形，从而提高了船速。随后，英国造艇家弗龙德发现船体越长阻力越小，速度也越快，因此造船者纷纷加长船体。1923 年，丹麦、瑞典、奥地利等国组织了一个工作委员会，规定了艇的长度为 5.2m，宽度为 51cm，该规定一直沿用至今（图 5-20）。1956 年又出现了凹形船体。1964 年，国际划联又制定了"无凹面"的规则，使皮划艇设计标准化。后来，人们又设计了菱形皮划艇，1972 年出现了玻璃钢艇，近年又出现了蜂窝结构的碳素纤维艇，而美国造船家为了提高船速，甚至在皮艇外壳蒙上人工鲨鱼皮。

随着皮划艇运动的广泛开展，各国相继成立了皮划艇俱乐部。1924 年 1 月，由丹麦、瑞典、法国和奥地利发起在丹麦首都哥本哈根成立了"国际皮划艇代表会"。1924 年在法国巴黎举行的第 8 届奥运会期间，加拿大和美国运动员曾在塞纳河上进行皮划艇表演赛。1936 年在柏林举行的第 11 届奥运会中皮划艇被列为正式比赛项目。

现代皮划艇运动于 20 世纪 30 年代传入中国。英国人首先在上海设立了"划船总会"，后来俄国人又在东北设立了"水上俱乐部"，那时的皮划艇运动是专供外

图 5-20　皮划艇爱好者

（图片来源于 https://pixabay.com/zh/photos/皮划艇-运动员-努力-活动-2895791/）

国人娱乐的。1952 年底，中国首次制造出自己的皮划艇。1954 年在北京市水上运动会中设立了皮划艇比赛项目。1974 年中国加入国际皮划艇联合会，1975 年皮划艇被列为全运会正式比赛项目，同年中国开始参加世界锦标赛。

虽然中国竞技皮划艇运动处于世界前列，但民间从事皮划艇运动的人较少，只在海南、厦门等地的景区内有少量出租给游人玩乐的皮划艇，而利用皮划艇进行户外运动活动的报道罕有见闻。

（十三）水球（water polo）

水球运动起源于 19 世纪 60 年代的英国，最初是人们游泳时在水中传掷足球的一种娱乐活动，后逐渐形成两队之间的竞技运动，也有"水上足球"之称。1869 年英国出现用小旗标定边线和球门的水球比赛。1877 年英格兰伯顿俱乐部聘请威尔森制定世界上第一部水球竞赛规则。1879 年开始设置球门。1885 年英国游泳协会将水球列为单独比赛项目。1890 年首先传入美国，后又逐渐在德国、奥地利、匈牙利等国家广泛开展。1900 年它被正式列为奥运会比赛项目。20 世纪 20 年代开始传入中国香港和广东。目前休闲性质的水球活动非常普遍，很多人喜欢在游泳时携带排球、气球，在水中嬉戏。

课后思考题

1. 谈谈古代跳水运动的特点。
2. 谈谈漂流运动的发展历程。

第六章

航空类户外运动发展历史

> **本章要点**
>
> 广袤而深邃的天空自古以来就引起人类无限的遐想。像鸟儿一样自由翱翔，是很多人心中的梦，人类的飞行之梦饱含自由精神，徜徉天空的自在激发了众多勇敢者驾驭各种飞行器去感受飞翔的魅力。飞行是一项充满挑战的任务，所以人类发展出来的飞行运动项目相对有限，主要包括滑翔翼、滑翔伞、热气球、跳伞和翼装飞行。

第一节 航空类户外运动项目发展概述

航空类户外运动是利用飞行器或其他器械在空中开展的体育运动，主要包括滑翔翼、滑翔伞、热气球、跳伞和翼装飞行。航空类户外运动在中国尚属一项新兴运动，从20世纪20年代开始萌芽，在30年代逐步兴起，1949年后迅速发展。1952年6月成立的中央国防体育俱乐部（1956年11月，改称中国人民国防体育协会），领导全国的国防体育活动，航空运动是其开展的重点项目之一。航空模型活动首先在青少年中大力开展起来，其后在各地建立滑翔站、滑翔学校、航空俱乐部、航空干部训练班，培养了大批开展航空运动的干部和各类人才。中国自己制造了滑翔机、降落伞、训练飞机和运动飞机，飞行、滑翔、跳伞、航空模型运动已经成为青少年踊跃参加的群众性体育运动。

各类航空运动在全世界范围内均有人群参与。目前，在美国、俄罗斯、澳大利亚、日本、加拿大及欧洲一些国家等很多地方都设有专门进行航空运动管理工作的官方或非官方团体。国际上设有国际航空运动联合会，该组织是非盈利非官方的国际性组织，针对各个航空运动项目的国际交流和推广开展工作，还负责一些航空运动世界纪录及国际性奖项的提名和认定。

第二节 航空类户外运动发展历程

（一）滑翔翼（hang-gliding）

滑翔翼是一项空中休闲运动，飞行员驾驶的是轻型非机动脚踏式飞机，称为悬挂式滑翔机。大多数现代悬挂式滑翔机由铝合金或复合材料制成，多为机翼合成帆布。通常，飞行员乘坐在悬挂于机身上的吊带中，并通过与空气相对运动而产生动力的飞行器。

公元6世纪末，中国人已经设法建造了利用空气动力学的大型风筝，足以承载一般体重的人。公元1100年左右，当时的中国人就用硬质伞状物从高处跳下来娱乐。著名画家达·芬奇也作画描绘他梦想中的带着人在天空自由飞翔的"大鸟"。由于不能充分理解飞行的基本原理，大多数早期滑翔机设计并不能确保飞行安全。但是像鸟儿一样在天空自由飞翔是人类的梦想，促使一代代人努力改良装备，并最终研制出了飞机。

滑翔翼是人类发明的最早的飞行工具。德国人奥托·李连泰（Otto Lilienthal）对滑翔翼的发展做出了杰出贡献，19世纪他利用自造滑翔翼成功进行了两千多次飞行，但不幸于1896年坠亡。1904年，法国人Jan Lavezzari在贝尔克海滩（Berck Beach）上空驾驶一架双重悬挂式滑翔机（图6-1），这是一种更加坚固且灵活的滑翔设备，为莱特兄弟发明飞机奠定了基础。

图6-1　Jan Lavezzari使用双帆滑翔机
（图片来源于维基百科）

第一次世界大战结束后，华沙协议禁止德国发展喷气式飞机，德国人只好通过滑翔翼满足飞翔的心理诉求，同时滑翔翼也成为德国飞行员保持战斗力的方式。"一战"后的40年里，德国滑翔翼装备和技术迅速发展，并演化为一项体育运动。

1948年11月23日，美国人洛格罗（Francis Rogallo）发明了三角形软翼（所以滑翔翼后来也称作三角翼），使滑翔翼飞行能力更强。洛格罗的发明引起了美国国家航天局的注意（图6-2），1951年他为该组织设计了一种用来回收火箭残骸的滑翔翼，它是用三根骨架支起来的三角形帆翼，结构极其简单，稳定性良好，所以滑翔翼从 20 世纪 60 年代开始在美国推广。与此同时，澳大利亚的滑翔翼运动也在快速发展，1963 年新南威尔士州的迪克森（John Dickenson）独创了一种软翼滑翔翼①。1961—1962 年间，巴里·帕尔莫尔试图起飞一种靠助跑产生助动力的滑翔翼，由于太不切实际，未能成功。

图 6-2 美国国家航天局利用滑翔翼工作
（图片来源于维基百科）

滑翔运动的发展得到了许多爱好者的追捧，20 世纪 70 年代，仅在美国就有上万人参加这项运动，40 家企业生产滑翔翼。由于滑翔翼得到了美国航空航天局的重视，在美国的发展尤为突出，主要表现在 1971 年 5 月加利福尼亚州举办了纪念奥托·李连泰的活动，一共有 50 位美国滑翔翼爱好者到场参加，其中汤姆·迪克森自由滑翔用了 15s。鲍勃和克里斯兄弟于 1973 年成立了专门生产滑翔翼的公司"Wills Wing"，同年美国加利福尼亚州举办了第一届全国滑翔翼锦标赛。1975 年国际航空联合会第 68 届大会上决定设置滑翔翼项目委员会，并于次年 9 月在奥地利科森举办了国际航空联合会认可的第一届悬挂滑翔翼世界锦标赛，由此这项运动成为了一项国际化的、正式的航空体育项目。

1971 年英国的杰夫·麦克布隆姆等人制造了第一架英国悬挂式滑翔翼，但直到 1974 年滑翔翼运动才正式从伯明翰市向英国推广，继而在欧洲受到欢迎，参加这项运动的人数激增，随之而来的是各种冒险滑翔活动不断上演，例如 Snowdon（1973）高山滑翔、Moonraker（1977）滑翔飞越英吉利海峡和 Dunstan Hadley（1978）夜间滑翔等，这导致意外伤害事故不断增多，仅 1978 年前 6 个月，英国就发生了 6 起致命事件。滑翔翼运动催生的不安全事故引起各国政府的注意，甚至禁止开展滑翔翼运动。

没有动力的滑翔翼很难控制，为了解决伤亡问题，工程师们坚持不懈地改进滑翔翼，其中最主要的技术是加装动力装置。1963 年 NASA 就对"洛格罗翼"进行了动力试验，因未获成功而放弃。20 世纪 70 年代，欧洲出现了动力三角翼，但不够稳定。20 世纪 80 年代初，克鲁（Kroo）在美国航空航天局的支持下开展了滑翔

---

① 航空无线电模型运动管理中心. 动力三角翼[Z]. 国家体育总局，2012.

翼动力系统的深入研究。随着动力三角翼技术不断成熟,因其良好的隐蔽性,成为重要的军事装备。20世纪90年代,瑞典人发明了微动力滑翔翼,促使滑翔翼运动在民间更好地开展。2012年,挪威人西蒙发明了水下滑翔翼,时速高达13km。

滑翔翼是一项贵族运动,即使最便宜的无动力滑翔翼装备也需3万多元,动力滑翔翼在10万元以上,训练成本一次上万元。目前国内只有5家开展此项运动的俱乐部,参加者主要是运动员和进行飞行表演的专业人员,普通群众较少参与。

(二)滑翔伞(paragliding)

滑翔伞是一项不需要付出太多体力的体育运动,全套器材重约20kg。该飞行器是自由飞行器,通常从高山斜坡起飞,也可以通过牵引方式起飞。滑翔伞用双脚起飞和着陆,所使用的器材与飞机跳伞使用的降落伞有很大区别。目前的滑翔伞可以爬升到海拔4 000m以上,最大直线飞行距离400km以上。出于飞行理念的不同,滑翔伞可以分为休闲滑翔、竞技滑翔和特技滑翔3个领域。

第一次世界大战时就出现了滑翔伞的雏形(图6-3),当时德军将勇敢的年轻人系在降落伞上,在潜艇的牵引下飞行,帮助潜艇观察远处的目标。20世纪50年代,有人改进了降落伞,伞呈长方形,伞面背后有出气口,这种新型伞产生了滑行效果,并且更容易控制。与此同时,法国阿尔卑斯山的登山爱好者们也发现,用鼓足

图6-3 第一次世界大战时期的滑翔伞
(图片来源于维基百科)

空气的帆布包能帮助他们轻松地将小件物品安全地运送到山脚。1961年法国工程师皮埃尔制造一种改进型降落伞,去掉降落伞的缘和边,使它能够在空气的拖动下滑行。

滑翔伞最大的进步发生在1963年,雷昂那多和窦米那发明了一种前缘开放、后缘缝合的伞,通过充气道充满空气之后伞就成机翼状,也就是目前广泛使用的翼伞。

美国人戴维德对滑翔伞运动的发展做出了重要贡献,甚至被认为是滑翔伞运动的鼻祖。1965年他用自己设计的帆型翼从纽约Hunter山滑翔而下,从而使滑翔伞运动名声大噪,增加了人们参加滑翔伞运动的兴趣。1973年英国滑翔伞俱乐部成立,1985年第一本《滑翔伞手册》出版,并且从官方层面统一了滑翔伞的名称——paragliding。

20世纪80年代,滑翔伞运动一直在快速发展。1984年法国登山家菲隆(Roter Fillon)从阿尔卑斯山的勃朗峰上成功地飞出,滑翔伞迅速在世界各地风行起来。1986年传入新西兰。1988年,法国冒险家伯亚凡登顶珠穆朗玛峰后从顶峰飞出,将滑翔伞运动引进中国。1989年第一届世界滑翔伞锦标赛在奥地利Kosen举办,1990年开始生产能够供两人同时使用的滑翔伞。

中国的滑翔伞运动最初由民间兴起,20世纪80年代初,在天津、洛阳、安阳等地,一些航空运动爱好者自制了一批滑翔伞开展活动。1985年,日本滑翔伞代表团应邀来华进行系统的训练教学和技术交流活动,为中国培养了技术骨干。为推动滑翔伞运动的开展,1988年,中国航协悬挂滑翔委员会正式成立,积极开设技术培训班,多次组织表演和比赛,派队参加国际性比赛。

(三)热气球(hot-air balloon flights)

热气球由球囊、燃烧器、吊篮3大部分构成。热气球的飞行是根据热空气轻于冷空气而产生升力以及空气静力学的原理,通过燃烧器点火、熄火的时间长短和频率间隔来调整球囊内的气体温度,从而控制热气球的上升和下降,利用不同高度层的不同风向来控制和调整前进方向。热气球的飞行速度大致与风速相同。根据美国国家运输安全委员会(NTSB)的统计数据,热气球已被国际航空联合会(FAI)认定为航空领域最安全的航空运动。

孔明灯可谓热气球最早的雏形,并在公元2世纪左右被用于战争行动,传递军事信号。现代热气球起源于法国,1783年法国蒙特高菲尔兄弟用亚麻布和纸制成直径46英尺(1英尺=0.304 8m)的热气球,同年9月19日他们在凡尔赛宫前举行热气球飞行表演,11月21日下午由志愿者罗泽尔进行首次载人实验,飞行了约5英里,他们被公认为首次成功建造大型热气球的人(图6-4)。

1878年法国世博会期间,一个巨大的热气球载着游客升空,引起巨大轰动,并向全世界宣传了这种新发明。20世纪50年代美国人约斯特研制了带燃料器的热气球,1960年10月22日首次成功实现热气球长距离飞行,热气球运动才真正发展开来。1978年8月11日至17日,"双鹰3号"成功飞越了大西洋,而在1981年它又成功跨越太平洋。

热气球作为飞行器完成载人飞行已经有220年的历史,全世界现有2万多个热气球,这项运动已经成为一项深受大众喜爱的现代航空体育活动。在欧美等发达国家,几乎每天都有热气球比赛和活动,英国西南小城布里斯托尔热气球节创立于1979年,是西方规模最大的热气球节之一,它每

图6-4　第一个载人热气球
(图片来源于维基百科)

年举行一次。热气球赛事的举办具有重要的社会价值,日本每年参加佐贺热气球节的队伍超过百支,现场观看人数达上百万人。但是真正参加热气球运动的普通老百姓依然较少,热气球运动也是一项贵族运动。

20世纪80年代初,热气球运动进入中国,但一直用于培养职业运动员,民间热气球运动几乎是空白。

(四)跳伞(parachute)

跳伞运动是指跳伞员乘飞机、气球等航空器或其他器械升至高空后跳下,或者从陡峭的山顶、高地上跳下,借助空气动力在降落伞张开之前和开伞后完成各种动作,并利用降落伞减缓下降速度在指定区域安全着陆的一项体育运动。

降落装置最早的描述大约在4 000年前,当时中国人发现空气阻力会减慢一个人从高处坠落的速度。西汉史官司马迁在《史记·玉帝本纪·虞舜者传》中记载,有一次舜帝为了躲避危险,爬上一个高高的粮仓,在无处可逃的情况下,顺手抓住两顶竹帽后纵身跳下,竟然安全落地。

现代降落伞的出现可以追溯到欧洲文艺复兴时期,1470年的一份匿名手稿,现存于大英博物馆,编号34 113,其中第200页的插画有一人紧抓着一个连接在圆锥形顶篷上的横梁悬挂空中。四根带子从横梁的两端延伸到腰带,作为安全保护措施(图6-5)。

15世纪末,意大利艺术家达·芬奇设计的降落伞,用12码宽和同样长的亚麻布缝接起来,制成一具帐篷,即可容一人从高处坠落而无伤。人类第一个真正从天空跳伞成功的是法国青年加勒林,1797年10月22日,加勒林在巴黎乘一个巨大

的热气球升至 100m 的天空,利用"加勒林式伞"成功落地。

早期跳伞运动可以分为 3 种形式:塔台跳伞、飞机跳伞和热气球跳伞,后来又发展出氢气球跳伞、高楼跳伞和悬崖跳伞等。1595 年意大利人维拉泽奥用一个帆布做的方框从威尼斯一座塔顶上跳下,这是最早的塔台跳伞。到了 18 世纪初,人类发明热气球,跳伞运动爱好者开始从热气球上背着降落伞跳下。后来,人类发明了飞机,1911 年美国人莫顿在加利福尼亚州抱着折叠的降落伞从飞机上跳下,这是最早的飞机跳伞。不过,20 世纪 50 年代以前,飞机跳伞仅限于军事训练,塔楼和热气球跳伞是民间爱好者的主要活动方式,而且 20 世纪 20 年代,苏联和美国等为了更加便捷地培养飞行员的跳伞技术,开始建造专用塔台。

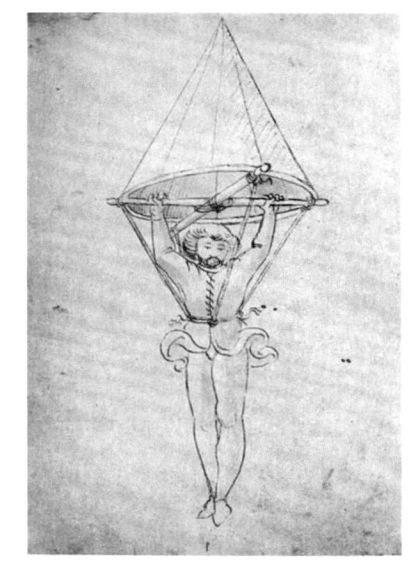

图 6-5 大英博物馆珍藏的跳伞照片
(图片来源于维基百科)

跳伞一直被当作培养空降兵的军事训练手段。直到 1926 年,美国率先将跳伞运动正式列为空中比赛项目,跳伞才逐渐从军事活动衍生为体育活动。1951 年 2 月,国际航空联合会在荷兰海牙举行的国际航空联合会代表大会上,决定将以降落伞为运载手段的跳伞列入航空体育比赛,同年 8 月在南斯拉夫举行第一届世界跳伞锦标赛,有 6 个国家 17 名运动员参加。1954 年在法国举行了第二届跳伞锦标赛,此后每两年举办一次。跳伞运动的发展引发了对跳伞相关技术的研究,1971 年翼形降落伞在美国问世,随后又研制出了圆形伞和蝶形伞。

跳伞运动成为一项正式比赛项目后极大地促进了这项运动的发展,特别是激发了极限跳伞运动的开展,2012 年 10 月 15 日奥地利著名极限运动员菲利克斯·鲍姆加特纳从 12 万 8 097 英尺的高空中纵身跃下并成功着陆,成为史上首位成功完成超音速自由落体的跳伞运动员。

中国民间跳伞运动开始于 1942 年,在重庆修建了中国第一座跳伞塔台。中华人民共和国成立后跳伞运动的发展得到支持,1964 年 8 月中国航空运动协会跳伞委员会成立,1978 年 10 月 21 日国际航联正式接纳中华人民共和国为会员国。但是中国跳伞运动一直用于军事和竞技训练,至今从事过跳伞运动的只有几千人,民间跳伞基本空白。2004年湖北航空学校开展过一次商业跳伞服务,当时组织了50余名业余爱好者,每人收费300元,但此后没有再开展这样的活动(张荷生,2006)。

(五)翼装飞行(wingsuit flying)

翼装飞行是一种使用翼服在空中飞行的运动,它为人体增加了表面积,从而获得升力,最后利用降落伞结束单次飞行,所以需要选择山顶、悬崖或者安全的基地跳跃而出,以提供足够的高度满足飞行和降落的条件。

翼装最早出现在1912年2月4日,一名33岁的法国裁缝Franz Reichelt从埃菲尔铁塔上跳下来测试他发明的降落伞和机翼的组合(图6-6),这与现代翼装相似。他在跳跃之前犹豫了很长时间,不幸的是他最后落地时头先碰到地面而身亡。

图6-6 Franz Reichelt与他设计的翼装
(图片来源于维基百科)

1930年,一名19岁的美国人Rex Finney首次在美国使用一件翼装,试图在跳伞期间增加水平运动和它的机动性。这些早期的翼装由帆布、木材、丝绸、钢架、鲸须等材料制成,虽然Clem Sohn和Leo Valentin声称已经可以利用翼装滑行数英里,但它们并不安全可靠。

现代翼装最早出现在1997年10月31日,法国跳伞运动员帕特里克德自己设计的一款新型飞行服,如今的翼服都是其设计的延续,并于1999年同佩克尼克合作成立翼装生产公司,即2000年成立的Phoenix Fly。

后来,越来越多的定点跳伞运动员开始使用翼装,催生了一项新运动:翼装定点跳。2003年6月30日,澳大利亚人比萨姆高特乐用一种碳纤维材料制成的固定翼—"翼包"飞过英吉利海峡,这种装置是滑翔翼和翼装的结合。2005年10月25日,芬兰冒险家维萨穿着装有两个小型引擎的翼装从热气球上跳下,这是第一个动力翼装装置。翼装飞行吸引了一些冒险家的尝试,其中奥格威恩于2010年10月从珠穆朗玛峰附近的高山上跳下,他可能是第一个完成高山翼装飞行的人。

翼装飞行几乎实现了人类像鸟儿一样翱翔的梦想,激发了众多飞行冒险者的兴趣,但其危险性较高,飞行的危险性和难度极大。

1. 滑翔翼运动经历了几个阶段?
2. 什么是滑翔伞运动?
3. 如何推动热气球运动大众化发展?
4. 翼装飞行在中国的发展情况如何?

第七章

户外运动赛事发展历史

第一节　户外运动赛事发展概述

由于户外运动的开展受环境、区域文化等因素影响,而且户外运动种类繁多,所以不能用统一的时间段来区分户外赛事的发展历史。笔者通过梳理各项户外运动赛事的发展历程,发现户外运动赛事主要经历了3个发展阶段。

(一)初创期(民间赛事)

早期人类为了生存和生产劳动进行户外活动(如野外生存、捕鱼狩猎),后来为了展示和提高这些技能,开始出现个人之间和部落之间和种族之间的较量,催生了早期户外运动的比赛形式,为后续户外运动比赛在规则和组织管理上的发展奠定了基础并积累了经验。

(二)传播完善期(成为奥运会等重大国际体育赛事的正式项目)

对于一项体育运动而言,能够进入奥运会,将会对其后续的发展和传播起到巨大的推动作用。有些赛事(如马拉松、铁人三项赛等),正是借助奥运会的契机,快速在世界范围内开展起来,而且它也可以灵活地结合当地的自然环境,对比赛规则和赛程进行一些变动,从而能更好地切合当地特色,提高赛事的亲和力。

那些还没有被列入奥运会的户外运动赛事,也会寻求自身的发展,譬如举办各类洲际比赛和世界杯比赛,其中的一些赛事特点鲜明,独具地方特色,如西藏登山大会等。

(三)发展期(商业比赛)

随着世界经济、互联网和多媒体的发展,更多的商业资金注入到各项户外运动赛事之中,尤其对赛事无形资产的开发利用,能获得更多的经济效益。此外,一些新技术、新装备的使用,有力地促进了户外运动赛事的发展(如达喀尔汽车拉力赛、沃尔沃环球帆船赛等)。

第二节　陆地类户外运动赛事

陆地类户外赛事是以山地、丛林、荒漠、洞穴环境为运动场地进行的单项或组合型竞技比赛,根据不同的赛制、赛程和比赛项目制定不同的比赛规则。竞赛项目由越野、山地车、越野技能、冰雪运动等项目组成,也可根据不同的地形地貌特征,将以上项目穿插进行。它的比赛形式大致可以分为连续不间断比赛、分日制比赛和体验活动性比赛3种。

(一)陆地类户外运动赛事初创期

早期陆地类户外运动比赛起源于民间,例如12世纪在西班牙纳瓦拉自治区首府潘普洛纳市举办的奔牛节(西班牙语是San Fermín);1945年8月的最后一个星期三,在西班牙东部瓦伦西亚小镇举办的西红柿大战。还有一些赛事由爱好者们自发组织,例如1912年世界上第一次攀冰比赛在意大利Courmayeur的Brenva冰川上举办,1960年在美国Lumberjack Bowl举行了伐木工砍树比赛。甚至一次意外事故都会促成一项赛事,例如1977年达喀尔汽车拉力赛的创始人泽利·萨宾在沙漠中迷路,无意间发现一个很适合进行汽车拉力赛的地方,于是他在1978年创办了达喀尔汽车拉力赛。

(二)陆地类户外运动赛事传播完善期

随着越来越多的人参加陆地类户外运动赛事以及越来越多的陆地类户外运动赛事被举办,相关活动开始走向规范化,并有意强调赛事的独特性,例如1969年举办的恶水超级马拉松赛,起点位于加利福尼亚州死亡谷Badwater盆地(海拔−87m),终点在惠特尼山口(海拔2 548m),赛道全长217km,宣称是"世界上最艰难的赛跑",而1995—2000年连续在法国Courchevel举办的攀冰比赛,冰塔高40m,被誉为"欧洲攀冰比赛的象征",随着2002年国际攀登联合会成立攀冰委员会,攀冰运动正式向全世界推广。

(三)陆地类户外运动赛事发展期

科技和传媒的发展带动陆地类户外运动赛事从小众活动走向大众化,例如始于2010年的意大利330km巨人之旅(Tor des Géants)比赛,每年在意大利的奥斯塔山谷进行,自2017年以来,引入GPS全球定位系统,然后通过Tor des Géants网站显示每名运动员在赛道上特定标记点的通过时间、整体趋势、平均速度、行进距离和海拔增幅,还有一张地图显示运动员的现场位置,从而帮助观众获得身临其境的体验感;而始于1981年的美国逃离恶魔岛铁人三项赛(Escape from Alcatraz Triathlon),起初是依靠恶魔岛的神秘性来招募参赛者,后来美国国家广播公司在电视上播出铁人三项比赛的内容,从而增加了该项赛事的知名度,竟然引起广泛的社会关注。

第三节 水域类户外运动赛事

水域类户外运动赛事泛指在水上、水中、水下开展的户外运动项目比赛。水域类户外赛事同时也是健身休闲产业的重要组成部分,它以海洋、湖泊和河流为载体,以竞技为重要形式,向大众提供相关服务和产品。有文献记录的水域类户外运动赛事包括水上摩托艇、钓鱼、潜水、滑水和航海等。

(一)水域类户外运动赛事初创期

水面上的竞速以及更长距离的远征比赛开始举办的时间较早,早在1908年第四届伦敦奥运会,水上摩托就是奥运会比赛项目。20世纪40年代,国际滑水联盟成立,并开始举办国际性滑水比赛。20世纪50年代以后,欧洲开始出现各种有组织的水域类户外运动赛事,最早举办的可能是钓鱼比赛,而且1952年由英国等欧洲国家发起成立了"国际钓鱼运动协会"。随后,出现了一些其他形式的水域类户外运动赛事,如1954年艾伦·布莱克在英国组织了水下曲棍球比赛,而沼泽浮潜比赛于1976年在英国威尔士的拉努蒂德韦尔斯举办,1973年怀特布莱德环球帆船赛(Whitbread Round the World Race)举办成功后,此后每三年举行一次,2008年巴哈马蓝洞挑战赛首次举办。

(二)水域类户外运动赛事传播完善期

随着第二次世界大战后社会经济迅速发展,各项水域类户外运动装备及竞技水平不断提高,水域类户外运动赛事受关注程度越来越高,促进了相关赛事的举办和发展。比较有代表的事件是四大国际钓鱼大赛的兴起,使钓鱼比赛风靡全球:1959年,由Peter S Fithian先生创办的夏威夷国际海钓大赛(HIBT),每年的8月在夏威夷的KONA市举办,已经成功举办了51届,赛事以钓超重量大鱼而闻名世界;1971年,首届鲈鱼大师经典赛在内华达州米德湖举行,由鲈鱼钓手协会(Bass Anglers Sportsman Society)运营;1989年,世界飞钓大赛举办;1996年,美国第一届世界户外钓鱼大赛(FLW)正式开赛。此外,从20世纪50年代中期开始,水上摩托艇比赛以及各类滑水比赛逐渐增多,1988年国际滑水联盟正式更名为国际滑水联合会,而且滑水运动成为国际奥林匹克运动委员会正式承认的体育运动项目。

(三)水域类户外运动赛事发展期

商业比赛极大地推动了水域类户外运动在全世界的发展,例如由国际摩托艇联盟(简称UIM)发起组织的一级方程式(简称F1)摩托艇世界锦标赛每年在世界各国和地区举行10~15站比赛,它和奥运会、世界杯足球赛、F1汽车赛一道,被公认为是世界上最具有影响力和收视率的体育赛事之一。1996年,由罗宾·诺克斯约翰斯顿爵士（SirRobin Knox-Johnston），世界上独自不间断环球航行的第一人，他创办的克利伯环球帆船赛开赛，并逐步发展成为世界上最著名的环球航海赛事之一。2001年，由于商业赞助的参与，怀特布莱德环球帆船赛被更名为沃尔沃环球帆船赛（Volvo Ocean Race）。中国杯帆船赛创办于2007年，是国内最具规模且最专业的帆船赛事，比赛一年举办一届，由拉力赛和场地赛组成，赛事为期4天，并从2010年起被列入国际帆船联合会官方赛历。

第四节　航空类户外运动赛事

航空类户外运动赛事是指运动员操纵或驾驶飞行装备（器）在空中进行的比赛。由于观赏性很高，近年来航空类户外运动比赛发展迅速。

（一）航空类户外运动赛事初创期

中国早在唐朝就举办了风筝节，这可能是人类历史上最早跟飞行有关的赛事。真正意义上的航空类户外运动比赛直到20世纪初才出现，得益于降落伞的发明，跳伞运动开始兴起，并于1926年在美国被列入正式比赛项目。

（二）航空类户外运动赛事传播完善期

随着跳伞运动在世界各地相继举办，1951年2月在荷兰海牙举行的国际航空联合会代表大会上决定举办第一届世界跳伞锦标赛，同年8月在南斯拉夫举行的该项赛事有6个国家的17名运动员参加。得益于越来越多的国家对跳伞运动的重视，竞赛规则和组织管理工作不断完善，从而衍生出热气球、滑翔伞等其他航空类户外运动比赛。

（三）航空类户外运动赛事发展期

现在国际航空运动联合会每两年举行一次特技、定点项目的世界跳伞锦标赛和一次世界造型跳伞锦标赛，而且这两项比赛错年举办，保证每年都有世界级的跳伞赛事。随着航空类户外运动的发展，相关赛事也开始商业化运营，例如2015年"成功汽车"冠名第17届亚洲跳伞公开赛，2019年"新明家具"冠名滑翔伞国际精英赛。

课后思考题

1. 简述户外运动赛事的发展历程。
2. 谈谈陆地类户外运动赛事的发展特点。
3. 谈谈航空类户外运动赛事的发展特点。

户外运动教育发展历史

第八章

户外运动教育发展历史

> **本章要点**
>
> 早期人类开展关于"生存"的户外运动教育,指导青少年在自然条件中寻找庇护所、水源、食物、火源等过程中,学习、制作和使用原始工具改造环境以满足自身的生存需要,并通过户外学习的经验教导、培养后代。这些在户外环境中完成的学习、教育,是实现人类进化的重要手段。在众多的户外教育内容中,以户外运动形式开展的教育活动得到广泛重视,发展至今已成为国内乃至国际社会备受关注的教育形式。

第一节 户外运动教育发展历程概述

1958年,美国学者乔治·唐纳德森和路易斯·唐纳德森提出:"户外教育就是在户外的教育,有关户外的教育,以及为户外的教育"。这一经典定义得到了广泛认可,但由于户外教育内容和目的的扩展以及室内活动的出现,也使其受到了诸多挑战。1986年,美国学者普里斯特·西蒙提出:户外教育是一个在"做"中"学"的体验过程,这个过程主要发生在户外,在室内的学习重点则是"关系"(relationships)。他强调了体验在教育过程中的重要性,以及户外教育学习所涉及的多种关系,不仅涉及到环境,还包括人和社会。美国户外教育委员会曾对户外教育的内容进行了梳理,主要包括以生态教育为主题的环境教育;以保护自然资源为主题的环保教育;以休闲娱乐为主题的户外休闲;以野外从事非器械性游憩为主题的户外活动;以户外探险活动为主题的探险教育,如攀岩、徒步、皮划艇、滑雪、探洞等;以身体体验为主题的体验教育;以野外营地或专门户外场所的集体活动为主题的营地教育;以国家公园或森林服务中心提供的交流服务为主题的环境解说。现代户外教育处于不断发展进步的阶段,呈现出多元化发展的趋势。以户外运动形式开展的教育活动引起了人们的重视,发展至今形成了营地教育、学校教育、职业教育等多种形式并存的户外教育模式。

第二节 户外运动教育的发展历程

(一)营地教育的发展历程

1850年,美国人福德瑞克·威廉姆·甘及其妻子在华盛顿创建了第一所户外教育学校,以教授户外运动课程为主要教学内容,要求在校学生每年至少参加一次沙滩露营,这被视为美国户外运动教育的开端。三十多年后的1881年,美国最早有组织的男孩专用私人营地在新罕布什尔州建立。据记载,最早出现的教育型营地活动是1885年在美国纽约城郊举行的YMCA(Young Men's Christian Association)露营。随后在YMCA的带动下,各类青少年团体相继开展有组织的露营活动。例如,1890年之后的露营活动超越了男孩专属的限制,并于1892年首次举行女子露营,1900年开始举办残疾青少年露营。为营地活动培养具有专业知识技能的营地指导员教育计划在1910年开始实施,1912年美国营地指导协会(男孩露营)成立,1916年全国女孩私人营地协会成立,随后两者合并为美国营地协会(American Camping Association)。到了20世纪30年代(图8-1),户外运动教育理念开始创立,教育家已广泛认同夏令营活动所具有的教育价值,例如夏普的博士论文《教育与夏令营——一项实验》被公认为是户外运动教育的经典著作。

图8-1 1931年的一个夏令营

(图片来源于https://www.westtexasscoutinghistory.netcamp_bgoldphotos.html)

20世纪中期,营地教育进入快速发展阶段,不仅在美国成立了许多青少年露营组织,并且传入加拿大、新西兰、英国、澳大利亚、日本、马来西亚等国家。第二次世界大战后,青少年营地教育在世界范围内广泛开展,许多国家成立了全国性的营地协会或营地联盟。为促进国际营地教育的交流和发展,1983年在伦敦举办了首届国际营地会议,国际营地联盟(International Camping Fellowship,简称ICF)也在1987年正式成立。它是一个世界性的专业营地协会组织,致力于向会员分享与营地教育相关的知识和经验。ICF的成员们致力于通过营地教育的方式构建更加美好和谐的社会,通过户外体验的方式拉近孩子们与自然的距离,并创造更美好的世界。该协会每三年举办一次全球性的"国际营地大会(ICC)",目前已经成功举办了11届,其中2017年第11届国际营地会议在俄罗斯索契举行,专业营地协会的组织运行对青少年营地教育的发展起到了重要的推动作用。目前俄罗斯拥有世界第一的营地规模,营地教育得到了俄罗斯政府的大力支持,即使在苏联解体的困难时期,政府每年仍会拨出巨额资金来支持营地运营。

相关研究表明,营地教育在提升青少年的自信自尊、独立性、领导力、社交能力、冒险与探索精神、环境意识、自我价值感和决策能力等方面都具有显著的作用,在许多发达国家,营地教育已被纳入了学校教育体系。根据国际营地协会的数据:俄罗斯拥有超过53 000个营地,每年为700万青少年提供户外营地教育服务,全国75%的学生都会参加营地教育;人口仅有540万人的芬兰,拥有超过100家营地,整个国家的教育体系就是大营地教育的概念;日本有3 500多个营地,每年超过3 000万名中小学生参加营地教育活动,超过90%的中小学生参加研学旅行,而且研学被纳入国民教育体系,其中涉及的营地教育活动结合本国特点,帮助青少年建立本国自然观,在此基础上理解和传承国家文化、国家精神,所以日本的青少年营地教育以"自然教育"为主题,提供各种户外自然教育、传统文化教育、手工制作教育等。开展营地教育最早的美国拥有14 000多个营地,每年有超过1 000万儿童和青少年以及100万成年人参加营地活动,参加私营夏令营的青少年占比约为19%;澳大利亚拥有900多个营地,政府立法规定学校必须组织每位学生每年至少参加一周营地活动,营地教育已被纳入澳大利亚的国家教育体系。

近5年中国营地教育快速发展,自2016年全国首期初级营地指导员培训班在云南开班,目前国内拥有各类营地约1 500个,在国际营地协会注册的正式会员单位达88家,附属会员单位达222家,在ICF注册的97个国家或地区中,分别排名第二和第八,每年参与营地教育的学生约20万人。与中国青少年人口数量相比,营地教育参与度远低于国际平均水平,仍处于非常低的阶段。但近年来,营地教育得到了中央及地方政府的高度重视,2017年11月,教育部公布了第一批研学旅行示范基地,共218家,包括204家研学旅行综合实践基地和14家全国性营地。同年12月教育部印发《中小学综合实践活动课程指导纲要》,明确将包括研学旅行在内的综合实践活动列为必修课程,上海、陕西、山东、湖北、四川、湖南、广东、福建等地区陆续出台推进中小学生研学旅行的实施意见。研学旅行相关政策密集出台,多个城市将研学旅行纳入学校教育教学计划的试点工作,大力发展素质教育。在一系列政策的支持下,如何将研学旅行与学校素质教育有机结合,各省(市、自治区)如何结合地方特点开发富有特色的研学旅行课程体系,以及研学旅行的组织管理工作等是当前开展营地教育亟待解决的难题。

(二)学校户外运动教育的发展历程

19世纪,登山、徒步旅行、滑雪等户外运动在欧洲兴起,挪威、英国等国家开始重视通过户外活动培养贵族子弟的男子汉气概,童军教育的出现便是这一时代潮流的产物。1907年,英国陆军上将贝登堡在英国举办第一次童军露营,召集了20位青少年在英国桃山白浪岛露营,进行生火、炊事、追踪、自然观察和急救等训练。次年贝登堡以其早期从军的经验为基础研发出一套对儿童、青少年具有教育功能的童军培训体系,并出版了《童军警探》一书,创立了童军运动最初的制度。

童军运动强调摒弃传统的室内教学模式,坚持通过在户外的环境中进行露营、森林探险、徒步穿越、野外旅行、水上活动、爱国主义教育等体验学习。这种以自主自发和服务精神为基础的户外活动,很快就在英国发展起来,并向世界各地传播。1920年第一次世界童军露营大会在英国奥林匹克竞技场举行,并在贝登堡的倡导下成立了一个协助会员国发展童军组织的机构,贝登堡被推举为"世界童军总监",从此童军运动开始国际化(图8-2)。

图8-2 1929年世界大露营的美国和德国童军

(图片来源于 https://www.histclo.comyouthyouthorgscocountryusscoutush.htm)

受欧美童军教育的影响,早年留学美国的严家麟于1911年在武昌文华书院成立了中国第一个童军团,随着各地童军规模的不断扩大,为了统一管理和领导,1926年中国国民党童军委员会成立,1929年更名为中国童军,1932年《中国童军总章》正式公布实施,将中国童军划分为幼童军、童军、青年童军、女童军、海童军等数个军种,并公布了三级教育课程,教学内容涉及操法、生火、露营、医疗救护、水上救援、航海等多项初、中、高级课程。根据总章规定,1934年成立了中国童军理事会,并成立了中国童军总会,1937年中国童军总会获准加入世界童军组织。在随后的抗日战争中,中国童军在救护、运输、宣传等方面发挥了重要作用。1949年以后,随着中华人民共和国的成立,中国童军运动在内地基本消失,取而代之的是各地开展的青少年军事训练营等短期培训,至今已发展成为各类主题的户外教育培训。

在世界童军运动的推动下,20世纪70年代,世界各国户外运动教育得到了蓬勃发展,全球性的户外教育联盟应运而生。以美国为例,野外教育协会(WEA)、体验教育学会(AEE)、探险教育(PA)、无痕山野(LNT)等组织得以创立和发展,经过数十年的发展,美国户外教育活动形式和内容日益丰富,活动规模日渐壮大,并吸引了越来越多的社会组织和团体给予赞助与支持。

1971年,以马萨诸塞州汉密尔顿·维恩哈姆高中校长杰瑞·皮赫和教师格雷·贝克为主创设了"主题式探险教育(Project Adventure,简称PA)"课程,开始将户外教育课程纳入到学校教育体系,在户外培训学校的帮助下,该校完成了探险课程规划。次年,第一个室内绳索课程在美国马萨诸塞州纽伯里波特高中实施。1974年,"主题式探险教育"获得美国联邦政府的资助,并在全国范围内推广实施,成为一个非营利组织。户外教育正式纳入学校教育体系,并在同年为有心理健康问题的学生举办了基于探险活动治疗的研讨会,随后在医院得到了应用,以探险为主题的教育活动还在企业培训中得到了拓展。1977年,美国体验教育协会(Association of Experiential Education,简称AEE)正式成立,由外展学校、学术机构以及大学一起合作,主要通过举办户外体验教育学习方法研讨会、出版期刊专著、举办工作坊等形式,推动户外教育相关理论的深入研究。1980年,美国野外教育协会(Wilderness Education Association,简称WEA)正式创建,该协会主要通过开设探险行为、基本露营技巧、健康与卫生、紧急救护等户外运动教育课程并设立认证标准,旨在培养优秀的户外运动教育活动组织者。

拓展训练可以说是现代户外探险教育的起源。1920年犹太裔德国人库尔特·汉恩在德国创办沙拉姆海上训练学校(Salem School)时,就发现当时的学生普遍不重视人际交往和个人自我成长,导致他们出现缺乏自信心、进取心、冒险精神,记忆力、创造力衰退,动手能力、自律能力低下,不能理解和信任他人等现象。

由此,汉恩于1934年在英国创立高登斯顿学校(Gordonstoun School)并提出发展学生的四种能力:至少选择一种运动,并具有一定水平;完成海上及野外的冒险;成功完成多种长时间的技能培训、技巧训练、调查或个人自己选择的计划;参与社会公共服务。1941年,汉恩在英国威尔士地区创办了第一所户外拓展训练培训学校,第一次拓展训练计划在威尔士的阿伯多维进行,此时的教学理念是通过体能和心灵的挑战,以发挥学生的内在潜能,通过精心设计的活动,帮助学生建立自信心且积极的自我形象。在实际教学上,发展一套以经验教育为基础的模式,指导员带领学生去完成一系列紧张刺激而又有趣的活动和任务,采用户外探险教育方式,发展和激发学员的体能、潜能、心智,建立自信、正向、健全的人格。

20世纪末,中国学校教育受到素质教育以及西方教育理念的影响,开始论证户外运动教育纳入学校教育的可行性,其中1998年中国地质大学(武汉)以公共体育选修课的形式率先开设野外生存体验课(图8-3),为了进一步论证野外生存训练课作为一门体育课程在全国高校开设的必要性和可行性,教育部于2002年将《中国大学生野外生活生存训练的实验研究》列为国家教育科学"十五"规划重点课题,开始探索该课程在中国高等学校体育教育中的应用价值,首期来自清华大学、华东师范大学、中国地质大学(武汉)、东北林业大学、浙江林学院等7所高校的140多名学生,分别在黑龙江帽儿山、湖北神农架、浙江大明山3个实验基地,开展为期一周的野外生存综合训练,内容涉及到建营取水、徒步穿越、搭索过涧、攀岩及岩降、扎筏泅渡、埋锅造饭等一系列野外生存项目。作为一门新兴的高校体育教学

图8-3　1998年中国地质大学(武汉)首期野外生存体验课
(图片来源于中国地质大学(武汉)体育学院办公室)

项目,这次训练得到了教育主管部门、体育主管部门以及全国众多高校的广泛关注,次年参加实训的高校增加至20所。其中在黑龙江帽儿山组织的活动,还邀请了来自日本、韩国的大学生共同参与,实训结果证明,这是一种具有显著的锻炼价值、教育价值和社会价值的体育运动,随后向全国高校大力推广,深受学生们的欢迎。据不完全统计,当前国内有超过100所高校开设了户外运动选修课程,这些课程的开设成为培养学生综合能力的有效举措(表8-1)。

表8-1 开设户外运动选修课程的部分高校($N=50$)

序号	学校	序号	学校
1	中国地质大学(北京)	26	中国石油大学
2	浙江农林大学	27	长春工业大学
3	重庆理工大学	28	新疆大学
4	西南民族大学	28	西藏民族学院
5	温州医科大学	30	同济大学
6	天津财经大学	31	泰山学院
7	上海交通大学	32	山西大学
8	山东体育学院	33	南京邮电大学
9	洛阳师范学院	34	吉首大学
10	吉林大学	35	华侨大学
11	黑龙江大学	36	广州体育学院
12	广西民族大学	37	广东警官学院
13	东华大学	38	大连民族学院
14	安徽工业大学	39	成都理工大学
15	中国药科大学	40	新疆财经大学
16	中国人民解放军国防大学	41	中国人民解放军特种作战学院

续表 8-1

序号	学校	序号	学校
17	四川旅游学院	42	哈尔滨工程大学
18	浙江警察学院	43	浙江树人大学
19	宜春学院	44	西南民族大学
20	天津外国语大学	45	天津农业大学
21	沈阳体育学院	46	上海体育学院
22	山西财经大学	47	南京体育学院
23	华中农业大学	48	湖南师范大学
24	湖州师范学院	49	哈尔滨体育学院
25	赣南师范学院	50	北京外国语大学

户外运动教育取得的育人成效,促使社会对高水平户外运动专业人才产生强烈的需求。2005年,中国地质大学(武汉)在全国高校中率先招收社会体育指导与管理(户外运动方向)本科生,开创了高层次户外运动专业人才学历教育的先河,随后又在2007年开始招收和培养户外运动方向的硕士研究生,标志着中国户外运动教育开始从课程教学向高水平专业人才培养的方向扩展。目前中国有超过20所高校培养大专、本科和硕士研究生等学历层次的户外运动专业人才(表8-2)。

表8-2 开设户外运动方向本科专业的部分高校($N=11$)

学校	招生方向	办学时间(年)	培养层次
中国地质大学(武汉)	社会体育指导与管理专业(户外运动方向)	2005	大学本科、硕士
广西科技大学	社会体育指导与管理专业(户外运动方向)	2006	大学本科
广东体育职业技术学院	运动休闲服务与管理专业(户外运动方向)	2007	高职专科

续表 8-2

学校	招生方向	办学时间(年)	培养层次
贵阳医科大学	社会体育（户外运动方向）	2009	大学本科、专硕
北京体育大学	休闲体育专业（户外运动方向）	2010	大学本科、硕士
四川师范大学	户外运动策划与规划	2011	大学本科
武汉体育学院	休闲体育专业（户外运动方向）	2012	大学本科、硕士
北师大珠海分校	休闲体育专业（户外运动方向）	2012	大学本科
成都文理学院	休闲体育专业（户外运动专项）	2013	大学本科
成都体育学院	社会体育专业（旅游与户外运动方向）	2014	大学本科
江西应用技术职业学院	社会体育（户外运动方向）、休闲体育服务与管理（攀岩方向）	2016	三年—五年高职专科

（三）户外运动职业教育的发展历程

1950 年，第二所拓展训练学校在英国埃斯克代尔开设，美国人乔希·迈尔在该校任教期间，受到拓展训练理念的影响，于 1962 年在保罗·匹兹荷迪特等的帮助下，在美国科罗拉多州创立了一所拓展培训学校（Outward Bound Colorado），奠定了户外运动教育在美国发展的基础，有力地推动了户外运动教育的全球化发展，同时也暴露了户外教育人才紧缺的问题。随着该行业需要大量从事户外运动教育的高水平专业人才，在户外运动中让参与者获得知识和掌握技能，作为美国户外运动培训学校领导人之一的保罗·匹兹荷迪特于 1965 年又在怀俄明州创办了美国国家户外领导力学校（National Outdoor Leadership School，简称 NOLS）（图 8-4），为想从事户外探险教育的人士提供户外技能、户外安全、旅游技能等方面的学习机会,目标是培养可以在野外安全生活并能指导他人完成同样工作的指导员。发展至今,NOLS学校以野外为核心,开发了丰富的课程培训体系,致力于多情境下的领导力培养,如探险培训、野外医学、野外教育、野外风险管理等,每年培训数以千计来自世界各地的学生,这些学生成为户外运动教育的中坚力量,也是户外运动职业教育的硕果。

图 8-4　NOLS教学现场

(图片来源于 https://www.nols.edu/en/about/history/)

美国户外运动休闲活动在20世纪60年代得到了极大的增长,大量户外运动爱好者的涌入,导致了生态环境的严重破坏,土壤、植被甚至是水质都遭到不同程度的冲击。为此,美国林业局、土地管理局和国家公园机构印发了不计其数的宣传手册,这些手册被冠以荒野伦理、低冲击露营和不留痕迹露营等各种称呼。直到1979年,美国林业局的一位名叫吉姆·布拉德利的荒野专家提出应用教育方法来管理户外运动对环境冲击的必要性,他认为单纯使用规章制度来管理游客可能会使民众产生抵触情绪,不容易获得支持;大多数冲击是源于使用者缺乏正确的实践知识;同时由于荒野面积的广袤和偏僻,强制运用规章制度难以实施。这奠定了20世纪80年代中期发展起来的无痕山野教育项目,同时期的荒野伦理、最小冲击技术等相关专著和学术论文相继出版,最终在1993年促成了由美国林业局、国家户外领导学校、土地管理局、户外运动用品制造商协会等多个部门参与的户外产业峰会上，一致认可并成立一个新的具有教育性、非盈利性的组织，即无痕山野组织（Leave No Trace，简称LNT），致力于引导全球范围的人们在户外活动中共同承担保护环境的责任。

1943年法国国立登山滑雪学校成立，这是世界上第一所登山向导学校，也是法国政府为了培养登山运动人才和高山向导而建立的，由法国体育部直接管辖，它的使命是"发展和提高山地运动水平，研究和分析山峰安全风险，训练高水平运动员"。该登山滑雪学校有着严格的测试、培训、考核、认证体系，从报名提交履历，到参加入学测试，不仅需要丰富的经验，同时还需要完成规定难度的负重徒步、越野跑、登山滑雪、攀岩、攀冰等一系列为期一周的技术测试，在约130名考生中，最终仅有35～55人通过测试，然后被允许参加培训。培训包括理论与技术部分，完成考核后还需要进行2～5年实习，才能迎来最终的"毕业考试"，顺利通过后将获得认证证书，并自动获得UIAGM/IFMGA/IVBV国际登山向导认证，但每隔5年仍要参加考核。经过70多年的发展，法国国立登山滑雪学校培养了一大批国际顶尖的向导和登山家，这些以技术高超、经验丰富、责任感强而著称的向导们在全球享有盛誉。目前开设的培训项目主要有登山向导培训、滑雪教练培训、高山协作培训、救援培训、滑翔伞教练培训等。

中国开展户外运动职业教育的时间较短，但发展迅速。依托丰富的山峰资源以及人力资源，1999年在第一任校长尼玛次仁的推动下，西藏登山学校（现更名为西藏拉萨喜马拉雅登山向导学校）成立，这是中国第一所培养登山人才的专业学校，标志着中国高山攀登人才培养走向综合化、职业化阶段。西藏登山学校定期（每两年）招收来自喜马拉雅山区贫困农牧民家庭且年龄在16岁左右的藏族少年，在国家体育总局和中国登山协会的支持下，登山学校得到了国家的重点援助，学生入学后不仅享有学费、食宿费、服装费等全免优惠政策，而且每月还可以拿到生活补助，通过三年的系统培训，成为一名登山技能娴熟和综合素质全面的登山向导。西藏登山学校吸引了众多藏区青少年，学校采取军事化管理，对学习以及日常生活都有着严格的规定。经过20年的发展，学校已招收了12批，共计300多名学员，培养了包括登山运动员、高山向导、高山协作员、高山摄影师、高山厨师等一大批专业登山人才，打破了中国高山协作被尼泊尔夏尔巴人垄断了近半个世纪的尴尬局面，并承担了珠峰高度测量、奥运火炬上珠峰等众多国家任务，成为推动西藏登山运动产业健康可持续发展的中坚力量。

中国户外运动的蓬勃发展也催生了对户外运动专业人才的社会需求，为此中国登山协会于1999年开办了第一期面向社会招生的户外运动专业培训班。截至2018年底，中国登山协会累计开设了包括技能类、职业类、竞赛类、师资类、管理类等在内的五大类培训班共计1 400多期，培养户外运动专业人才近40 000人，参加培训的学员覆盖全国，包括港澳台同胞，且不乏来自美国、英国、新加坡、日本、马来西亚、印度的国际户外运动爱好者。1999年北京攀冰培训班标志着国内正规职业培训的开始，2003年全国首期初级户外运动指导员培训班在中国地质大学（武汉）开班（图8-5），是中国登山协会首次尝试在北京以外地区办班，这种模式得到了普遍认可，为发挥地方协会职能和促进地方学员的参与发挥了良好的示范作用，相关培训工作开始在全国范围内推广，中国登山协会也于2005年正式成立培训部，全面推进登山、山地户外、攀岩、攀冰等相关项目的职业指导员、技术人员、赛事裁判员的培训及管理工作。从2009年开始，职业培训开始与国家职业技能鉴定接轨，陆续培养国家职业资格户外培训教师、国家职业资格攀岩培训教师及考评员。2013年攀岩项目正式进入国家社会体育指导员职业技能鉴定程序，同年启动全国户外安全教育计划。2018年山地户外运动项目正式进入国家社会体育指导员职业技能鉴定体系，中国户外运动的职业教育正逐步规范化，不断提高从业人员的综合素质，推动户外运动安全、科学、环保、文明的发展，为中国户外运动事业保驾护航。与此同时，国内民间户外运动培训也加入了职业教育的大家庭，推动职业教育培训体系进一步完善。2011年北京巅峰户外运动学校成立，大力推广更安全和更高效的户外理念，致力于研发、设计并提供公益性质的优质户外培训资源。领攀户外运动中心在户外品牌凯乐石的支持下，开展国际化合作办学，积极推动中国户外教育的专业化发展，分别于2012年成立成都领攀登山学校，2015年成立广州领攀户外运动中心，2016年成立大理领攀户外运动学校、鹤山领攀户外运动职业学校，

图8-5　全国首期初级户外运动指导员培训班留影
（图片来源于中国登山协会培训部）

并发起了山鹰户外证书培训体系,成为国内推动户外运动事业发展的重要社会力量。

**课后思考题**

1. 户外运动教育的类型有哪些?
2. 你认为户外运动教育对人类的发展有何重要意义?
3. 谈谈你对"无痕山野LNT"的理解。
4. 谈谈你对当前户外运动职业教育的认识。

第九章

户外运动旅游发展历史

> **本章要点**
>
> 户外运动已经成为一种重要的休闲生活方式,以体验户外运动为目的的旅游活动也随之兴起,是现代大众户外运动和户外运动产业的重要形式。本章将介绍户外运动旅游的基本特征、发展历程和社会影响。

第一节 户外运动旅游概述

(一)旅游的定义

据张凌云(2008)考证,国际上流行的旅游定义有30种。综合而言,这些概念体现了旅游的5个本质特征:①旅游是人的空间位置的移动;②旅游可以有一个或多个动机;③旅游活动需要一定的交通基础设施、住宿、营销系统、游憩(或康乐)和景区服务的支持;④旅游不仅仅是客源地向目的地单向的人员流动,而是由客源地、通道和目的地构成的一个完整的空间系统;⑤旅游整体的空间系统,不仅是一个经济系统,更是一个文化系统和社会系统。因此,我们不能简单地将通勤混淆于旅游,例如人们每天利用各种交通工具去上班、渔民驾船出海捕鱼等,都不是旅游行为。简而言之,旅游是游客到旅游目的地游玩的活动。

(二)户外运动旅游与户外运动

从现代户外运动的发展状况看,户外运动旅游包含在户外运动的范畴之内,但不是所有的户外运动都可以称作户外运动旅游,是否是以体验户外运动的风险与游憩性作为行动目的,是区分户外运动旅游与户外运动的核心标准。具体的讲,户外运动旅游特指以体验户外运动为目的的游玩活动。例如领队和向导带领一群游客穿越神农架原始森林,游客们是在旅游,而领队和向导是在工作,因为他们需要保证游客的安全和获得更多的风险与游憩体验,自身获得的游憩(或康乐)体验不是他们关注的重点。虽然户外运动旅游是以户外运动为载体,但两者的性质有别,不能将户外运动旅游与户外运动混为一谈,户外运动旅游的核心目的是体验户外运动的风险与游憩性,这种活动与专业运动员训练、高山向导工作、观看别人开展户外运动存在本质上的差别。

(三)户外运动旅游与体育旅游

体育旅游是人们以参与或观看体育运动为目的,或以体育为主要内容的一种旅游活动形式。因此,户外运动中那些不以参与和/或观看体育运动为目的,或以体育为主要内容的项目,则不是体育旅游活动(刘凤香,2008)。它与户外运动旅游存在共同点(以体验运动为核心的旅游行为),但也存在差异(体育旅游包含以体验所有运动项目为目的的旅游行为,而户外运动旅游只包括体验户外运动项目为目的的旅游行为),所以体育旅游的范畴比户外运动旅游的范畴广。例如,世界各地的游客到北京观看奥运会比赛,是一种体育旅游行为,而人们到珠穆朗玛峰体验登山的活动,也是一种体育旅游行为,但更具体的讲,后者属于户外运动旅游。

第二节 户外运动旅游分类

户外运动具有多重属性,可以根据不同的属性进行分类,体现相应类属户外运动旅游的核心价值。

(一)根据户外运动项目分类

户外运动旅游行为是以具体的户外运动项目为载体完成的,例如潜水、漂流、登山、滑雪等,所以我们可以根据户外运动项目进行分类(表9-1)。

表9-1 根据户外运动项目分类示例表

分类依据	旅游特点
漂流	游客到漂流景区,利用景区提供的皮划艇,在漂流河道上体验漂行
滑翔伞	游客到滑翔伞基地,在教练员的带飞下,体验飞行的感觉
登山	游客在高山向导的带领和指导下,体验攀登高峰的感觉
滑雪	游客到滑雪场,租用滑雪装具,独自或在教练的指导下,体验滑行
露营	游客自带或租用帐篷,在营地体验露宿

(二)根据户外运动旅游发生的空间分类示例表

空间条件是开展户外运动项目的自然基础,所以可以根据户外运动旅游行为发生的地理空间特征进行分类(表 9-2)。

表 9-2 根据户外运动旅游发生的地理空间分类示例表

分类依据	旅游特点
水域类	水是开展此类户外运动旅游活动的必备条件
山地类	利用低海拔山地自然资源,开展户外运动,体验其中的挑战与快乐
高山类	游客到海拔超过 3 000m 的高山区域开展的户外运动活动
航空类	利用航空器材体验飞行
滨海类	游客到海边,利用近海自然资源开展的户外运动活动
沙漠类	游客到沙漠地区开展的徒步、露营等活动
丛林类	通常指游客到原始森林开展的户外运动项目
海岛类	利用海岛独特的自然资源和环境,开展各种户外运动项目

利用不同地理空间开展的户外运动旅游项目与旅游项目是不同的,例如在沙漠地区徒步与游客骑行骆驼游玩,是两种不同的活动形式。

(三)根据户外运动旅游方式分类

依托自然环境、体验风险和游憩,是户外运动的本质属性,所以户外运动旅游不能脱离户外运动的核心特质。从户外运动旅游方式看,可以分为自主参与式、自主+协助式和协助体验式(表 9-3)。

表 9-3 根据户外运动旅游方式分类表

分类依据	旅游特点
自主参与式	游客利用自身掌握的户外运动技能,亲身开展相关活动,例如自主登山、漂流、滑雪、潜水等
自主+协助式	游客借助领队、向导、教练的帮助,克服关键困难,获得参与体验的户外运动活动,例如每年夏尔巴向导协助来自世界各地的登山游客攀登珠峰
协助体验式	户外运动项目有一定的风险和技术要求,为了保证游客的安全并体验户外运动,由专业人员协助他们完成户外运动项目,例如滑翔伞教练员带游客飞行、潜水教练员贴身协助游客下潜等

(四)根据户外运动旅游性质分类

户外运动具有体验探险和体验游憩的双重属性,根据户外运动参与者的技能和开展户外运动的地理空间的差异,游客体验风险或体验游憩的动机不同,例如在漂流景区漂行与漂流长江的体验是不一样的(表9-4)。

表9-4 根据户外运动旅游性质分类表

分类依据	旅游特点
探险型	游客以体验探险为主、游憩为辅的户外运动活动,例如洞穴探险、高海拔登山、跳伞、高山滑雪、无保护攀岩等
探险+游憩型	游客既注重探险体验,也追求游憩感,例如丛林徒步、溯溪、岩降等
游憩型	游客以体验游憩为主、探险为辅的户外运动活动,例如徒步、露营、在滑雪场滑雪、在漂流景区漂流等

第三节 户外运动旅游的发展

户外运动旅游脱胎于户外运动,受交通条件、经济能力、技术水平等因素的制约,以旅游为目的的户外运动出现的时间较晚。中国户外运动爱好者经常将徐霞客尊称为"驴友祖师爷",如果仔细分析徐霞客的游玩活动,他的主要目的是游历祖国大好河山,行李主要有食品、生活用品、书籍、资料、书信、文稿、碑刻拓片、抄录碑刻,沿途所采标本等,其中还包括一些地方官员为他写的推荐信,体验探险的动机和能力较弱,所以徐霞客是游客先驱,但不是户外运动旅游的先行者。我们辨别户外运动旅游,不能脱离体验探险和游憩。基于目前可以查阅的历史文献,国际户外运动旅游大致上经历了4个阶段。

(一)萌芽时期的户外运动旅游

户外运动演变成一种旅游行为,经历了较长的历史时期。随着社会逐渐安定、权贵家族更加富裕,少数上层社会人士开始将生产、生活、军事上的一些活动用于消遣,例如著名诗人李白大约在公元744年创作的《梦游天姥吟留别/别东鲁诸公》中有"脚著谢公屐,身登青云梯"的诗句,描述他在梦里穿着一种特制的鞋子(谢公屐)登山的情景;沈括在《梦溪笔谈》中也记载了公元11世纪的宋朝皇帝喜欢冬季滑冰的情况。

早期欧洲户外运动向游憩转变的过程,也是由权贵推动的,例如滑雪首先是北方居民冬天出行的方式,后来被应用于军事方面,欧洲贵族体验到其中的乐趣,就将滑雪作为冬季娱乐项目,例如1849年在挪威特隆赫姆(Trondheim)举办了第一届大众滑雪旅游节。19世纪上半叶,安稳、富裕的欧洲人开始体验户外运动,如泰晤士河岸开始有人露营、阿尔卑斯山开始有人攀登,冬季的北欧也有了慕名而来的滑雪者等,户外运动逐渐被赋予游憩功能。

萌芽时期的户外运动存在许多局限:当时的户外运动是为权贵阶级服务的,不能将贵族露营与平民风餐露宿混为一谈,因为早期的户外运动装备(帐篷、雪橇、登山装备等)笨重且昂贵,需要利用轮船、铁路运输,参加户外运动的大笔开支不是平民可以承担的,所以当时的户外运动充满了阶级色彩;萌芽时期的户外运动旅游更像是一种休闲游憩行为,旅游的特征不明显,由于当时的交通条件有限、户外运动存在风险、生存补给制约,参加户外运动的贵族主要在离家较近的地方活动,很少有人长途跋涉去参加户外运动;社会经济效益较小,主要是个人或小团体自助玩乐。

由权贵兴起的这种户外运动游憩方式,一方面推出了一种新的休闲、游憩、旅游方式,另一方面促使户外运动技术进步,开始有人设计和研制各种户外运动器材和装备。

(二)起步阶段的户外运动旅游

19世纪末至20世纪初,以体验户外运动为目的的旅游活动开始发展起来,越来越多的人参与其中,并且出现了户外运动俱乐部和带有商业性质的户外运动景区,户外运动旅游基本从户外运动中脱胎而出,逐渐成长为一种新兴旅游项目。

起步阶段的户外运动旅游有3个主要特征。

1. 组建户外运动俱乐部

在欧洲,参加户外运动的贵族越来越多,为了便于管理、开展活动、增进交往,他们以俱乐部(Club)的形式组成户外运动团体,例如世界上第一个登山俱乐部Alpine Club于1857年在英国伦敦成立,这个俱乐部的宗旨:"这是一个致力于登山的英国绅士俱乐部,我们的成员首先在阿尔卑斯山成功登顶。"阿尔卑斯登山运动的兴起,使欧洲各国在19世纪末期出现了几十个登山俱乐部,它们是早期登山旅游的探路者。

2. 出现商业户外运动基地

优质户外运动资源总是存在于某个地区,像北欧滑雪、阿尔卑斯登山、尼泊尔徒步,所以这些户外运动资源很快吸引世界各地的游客纷至沓来,也带来了商机,于是有人开始投资开发商业户外运动基地(Resort)。例如,1868年挪威就建造了第一个商业滑雪场;1894年,英格兰和爱尔兰之间的马恩岛(Isle of Man)上建立了世界上第一个商业露营地(Cunningham)。商业户外运动基地的出现,重塑了一条依托户外运动的旅游产业链,并产生了相应的社会分工,户外运动旅游开始以独立面貌发展。

3. 出现户外运动旅游代理人

早期开展户外运动的人,主要基于爱好和致力于推广户外运动,创建各种户外运动社团,吸引更多的人参与其中,这些创建者成为最早的户外运动旅游代理人,例如英国人 Thomas Hiram Holding 从年轻的时候就开始在美国体验徒步、露营等各种户外运动,一开始他主要和父母、朋友一起游玩,后来他在1901年成立自行车露营协会,组织和带领其他人参与这项旅游活动。

(三) 户外运动旅游蓬勃发展阶段

世界大战以及战后重建占据了近代人类的主要时间和精力,虽然户外运动旅游可能一直在发展,但直到20世纪60年代前后,欧美国家逐渐从世界大战的创伤中恢复过来,民众旅游需求日益旺盛,也点燃了户外运动旅游的复兴之火,加上户外运动旅游本身具有振兴社会经济的功能,所以户外运动旅游开始走上蓬勃发展之路。首先,出现了户外运动旅游综合体。与早期由个人或小团体主导的户外运动旅游活动不同,这个时期的户外运动旅游资源被大规模投资开发,建成以多种户外运动形式为基础的探险、游憩公园,例如新西兰的昆士敦,在1947年由交通运输商 Mount Cook 集团修建了一个滑雪场,后来这个地区陆续引进摩托艇、漂流、蹦极等项目,在20世纪末期就已经发展成为举世闻名的户外运动旅游之都。其次,户外运动旅游开始全球化发展。本地区和本国的户外运动资源越来越无法满足人们的户外运动旅游需要,跨地区和跨国户外运动旅游兴起,并带动当地居民的户外运动参与,例如20世纪80年代初,外国人开始到中国的新疆、西藏等地开展登山活动,促使中国开放山峰,带动了中国登山旅游业的发展,此后不仅有中外联合登山、外国人到中国登山,中国的登山爱好者开始踏足国外的山峰。

(四) 户外运动旅游现状

户外运动旅游已经成为许多地区的支柱产业,例如瑞士滑雪、尼泊尔徒步、巴厘岛潜水、土耳其热气球、科罗拉多漂流,这些户外运动项目已经成了当地的旅游品牌。据尼泊尔官方消息,2016年赴尼泊尔境内的珠峰登山的备案游客达到36 694人,比2015年激增了33.6%。

随着全球经济的发展,越来越多的人具备参加户外运动旅游的能力,而且户外运动旅游比传统旅游项目具有更强的体验性、刺激性和游憩感,所以参加户外运动旅游的人越来越多,目前国际户外运动旅游业处于爆炸式增长的阶段,2009—2013年全球户外运动旅游市场以年均65%的增速发展(Figueroa,2017),户外运动旅游项目遍布全球,尤其是发展中国家,成为国际户外运动旅游的主要目的地。

第四节　户外运动旅游的社会价值

以户外运动为主体的旅游活动,已经不是服务于贵族阶层的特权活动,很多普通群众也有能力参与其中。随着户外运动旅游全球化、平民化,它在社会发展的诸多方面体现出自身价值。

(一)促进社会和经济发展

户外运动通常是在比较落后的地区开展,而户外运动游客往往具备较好的经济实力,所以户外运动游客能够给户外运动旅游目的地带去客观的社会和经济效益,例如阿尔卑斯山在开发登山旅游之前,只是一个偏远、贫穷的小山村,而今早已是国际驰名的登山圣地;美国2015年接待滑雪旅游的游客约5 300万人,仅冬季运动项目零售业的营业额就实现了超410亿美元。

(二)推动环境保护

户外运动旅游需要利用自然资源和环境,越来越多的人参与户外运动,开始出现破坏自然和人文资源的行为,这种情况引起了美国林业局的重视,并在20世纪60—70年代,它们提出了"无痕山林法则(Leave No Trace)",倡导户外运动爱好者减小环境冲击。此外,登山运动造成的环境破坏也引起了各国政府的重视,2018年中国政府组织人员专项清理珠峰上的垃圾,并且限制珠峰攀登活动。户外运动破坏了自然环境,也深刻教导户外运动爱好者重视环境保护。

(三)促进社会健康

现代面临着多元化的生活压力,而休闲活动的参与性能够提高人的主观幸福感,从而改善社会心理健康水平。户外运动独具特色的体验自然、融入自然的感觉,能够帮助人们舒缓精神压力,所以参加户外运动获得能提升生理机能、拓展社交空间、提高知识迁移能力、培养环境美感等,还可以提高生活满意度、降低消极情绪,继而提升主观幸福感,所以发展户外运动得到了全社会的支持。相关户外运动的各种旅游和游憩活动,已经成为促进社会健康发展的重要手段。

1. 谈谈你对户外运动旅游的理解。
2. 简述户外运动旅游的分类。
3. 简述户外运动旅游的社会价值。

第十章

户外运动发展趋势

> **本章要点**
>
> 现代户外运动不断发展,开创新的历史潮流。本章将介绍户外运动在大众化、产业化、科技化等方向上的发展动态,以及户外运动对社会进步所作的贡献和中国户外运动的发展简况,帮助大家从整体上认识户外运动的时代特征,并建立展望未来的知识基础。

2020年5月27日中午11点,中国2020珠峰高程测量登山队成功登顶世界第一高峰珠穆朗玛峰,完成了珠峰顶峰测量任务,在此次珠峰高程测量中成功实现了技术突破。这是现代户外运动与社会发展紧密相连的一个缩影,而随着人类社会的发展,户外运动扮演着越来越多的角色,在旅游、科技、休闲、健身和经济等各个领域均能看到户外运动的身影。

第一节 现代户外运动发展动态

(一)户外运动大众化

户外运动在改善社会生活上表现出了积极的作用,由此引起了一些国家政府的注意。1958年美国政府成立户外游憩资源评估委员会负责发展美国的户外运动事业,随后美国政府还成立户外游憩局、总统户外运动特别委员会等机构,以加强对相关业务的管理。目前,美国有100多处国家自然公园作为美国人的户外运动场所,2009年便有1.378亿人参加了户外运动。在其他户外运动比较发达的国家,户外运动大众化的特征同样明显,例如,每年有上千万人到尼泊尔参加徒步探险旅行,英国约有15万人玩攀岩,2007年德国约有3 700万人参加徒步运动等。我国户外运动经过30余年的发展,参加的人数也越来越多,大众对户外运动的喜好是推动户外运动发展的重要动力,越来越多的年轻人认为参加户外运动是酷、时髦、上档次的行为,很多年轻白领带领自己的孩子参加户外运动。此外,国家政策为户外运动发展注入了更强劲的动力,2005 年山地户外运动被国家体育总局批准为正式开展的体育项目,全民登山健身步道已被列入国家"十二五"计划,在国家登山运动管理中心的统一规划下,全国每年举办几十次户外运动群众活动,越来越多的中国人开始走出家门、走向户外。户外运动大众化不仅是满足大众社会生活需求的结果,也是社会发展的需要。接触自然的体验有助于人们净化心灵,同时也促进了和谐社会的建设。一方面,在与自然沟通的过程中人们逐渐认识了自然的活动规律,保护自然、爱护自然的意识在潜移默化中得到增强。另一方面,户外运动的发展改变了人们的生活方式,从而助力社会经济的发展。可以说,大众化是户外运动发展的夙愿,也是社会发展的需要,更多的人参与进来是户外运动发展的基础,也是社会发展的动力。

(二)户外运动竞技化

竞技化的户外运动项目已经出现在夏季和冬季奥运会的项目表上,而且大部分冬季奥运会比赛项目都来源于户外运动。奥运会是现代体育的至高殿堂,融入体育主流的愿望是推动户外运动竞技化的重要动因,所以国际攀岩联合会(IFSC)自 2007 年成立之始就将促成攀岩成为奥运会比赛项目作为建会使命。事实上,户外运动项目已经或正在竞技化,即使像攀登珠峰、横跨南北极等风险极高的户外探险运动也可能在将来的某一天成为比赛项目,计次和计时已经成为相互比较的指标。而山地户外运动、定向越野、跳伞、漂流等项目的竞赛活动早已开展多年,且改良后的漂流(激流回旋)已经成为奥运会比赛项目。竞技化是户外运动向大众展示其魅力的重要窗口,吸引着普通民众参与其中。同时竞技化的安全性和规范性需要也帮助人们找到预防户外运动风险的方法,以便于其大众化的发展,使人们改变户外运动即冒险游戏的印象。此外,人类天然的竞争本性也是推动户外运动竞技化的重要因素。

(三)户外运动教育化

1941 年犹太裔德国人库尔特·汉恩(Kurl Hahn)在英国创办的户外运动学校(Outward Bound Training School)是为了通过野外训练让参加者获得人格教育,改善参与者与自己、与他人、与环境的关系,从而培养他们对社会的责任感。户外运动教育对人的培养价值很快就得到了社会认可,欧美国家已经构建了由政府、学校和社会共同参与的户外教育机制,提供公共的户外教室,实现了从幼儿园到大学的完整户外教育体系,因此户外教育应作为 21 世纪培养合格公民的关键角色。户外运动在培养人的身心素质、改善人与自然的关系、预防青少年犯罪和增强人的社会适应能力等方面具有明显的积极效应,所以户外运动教育在各国广泛开展,并通过学校教育和社会教育途径发挥育人功能。

（四）户外运动产业化

John Swarbrooke（2003）在《探险型旅游：新的经济前沿》一书中毫不吝惜地赞叹户外运动对旅游业的巨大贡献，而且《财富》杂志（2005）预测户外运动是21世纪7个最佳投资方向之一，例如2011年韩国仅户外用品销售就达166亿韩元，2010年全球渔猎装备销售达9.82亿美元，同年我国户外用品销售额达到100亿元。现代户外运动是一项"钱"途无量的朝阳产业，它带动了旅游、装备制造、零售和培训等多个产业的发展，并成为许多贫困地区实现脱贫振兴的希望。

（五）户外运动科技化

户外运动的发展史就是一部科技进步史，水肺、动力伞、高山靴、人工攀岩墙等装备无一不是先进科技的结晶，近年风靡全球的翼服飞行不仅让人惊叹天空类户外运动的魅力，更彰显了现代科技的神奇。为了更好地开展攀岩运动，1983年法国人Francois Savigny发明了由树脂和混凝土合成的岩块材料，奠定了攀岩墙的基础，从此室内攀岩运动迅速发展起来；2012年美国Columbia户外用品公司研制的Omni-Heat自体热能反射银点，能够通过反射足部体温强化足部保暖；我国户外运动用品公司探路者一直通过自建的TiEF科技平台研制环保型户外运动服装防水面料。不难发现，科技创新成果遍布户外运动领域。一直以来人类在自然界面前是渺小且脆弱的，但人与自然又是相辅相成的关系，一方面科技将助力人类探究自然的奥妙，另一方面自然的挑战将激发人类发展更先进的技术。纵观户外运动的历史渊源和变迁，它的发展和变革顺应了特定时代的社会、经济、文化和体育的需求。特别是户外运动对经济发展有着重要的推动作用，而经济的发展也能推动户外运动的快速发展，二者是相辅相成的。未来户外运动的发展将深入到人们的日常生活中。

第二节 户外运动助力社会发展

（一）户外运动助力社会经济建设

户外运动与现代社会的融合发展，为社会经济建设注入新的活力，2017年6月美国户外产业协会（Outdoor Industry Association）发布的报告显示，户外休闲业是美国强有力的经济发展引擎和最大的经济部门之一，2016年美国消费者在户外休闲方面的支出达到8879亿美元，创造了760万个工作岗位，为美国创造653亿美元的税收；而《中国户外用品2017年度市场调查报告》表明，2017年我国年出货量超过1亿元的户外用品企业市场占比从2016年的76.9%增长至82.5%，连续5年正增长。户外运动催生了高山向导、户外领队、护漂员、潜水教练、滑雪教练和滑翔伞带飞员等新型职业,带动游憩地产业结构提质升级,为社会经济的发展做出了显著贡献,促使政府部门对其赋予更多期望。我国政府从2016年开始连续颁发《山地户外运动产业发展规划》等多项支持政策,鼓励户外运动资源开发与利用,例如国家旅游局和国家体育总局(2016)颁发的《关于大力发展体育旅游的指导意见》明确提出:以群众为基础、市场发育较好的户外运动旅游为突破口,重点发展冰雪运动旅游、山地户外旅游、水上运动旅游等体育旅游新产品、新业态。由此可见,现代户外运动不仅仅是一种休闲游憩项目,它已经成为推动社会发展的动力来源,并在实践中做出了重要贡献。

(二)户外运动助力科技进步

翻开户外运动的历史,它不仅是科技进步的重要帮手,本身就是新技术的温床,尤其是在户外运动装备方面,科技创新得到了种种体现,例如第二次世界大战时期的冰镐采用铁、木制作(图10-1),而现代冰镐采用高强度铝材、钛合金螺丝,镂空设计,重量轻、强度大、经久耐用,能减轻攀登者的负重和增强攀登过程的安全性(图10-2);1976年Wilbert L·Gore、Rowena Taylor与Robert W·Gore发明的Gore-Tex薄膜面料轻薄且坚固耐用,具备防水、防风和透气功能,被广泛用在户外运动服装、鞋子、帐篷等装备上面,保护户外运动爱好者免受恶劣环境的伤害。

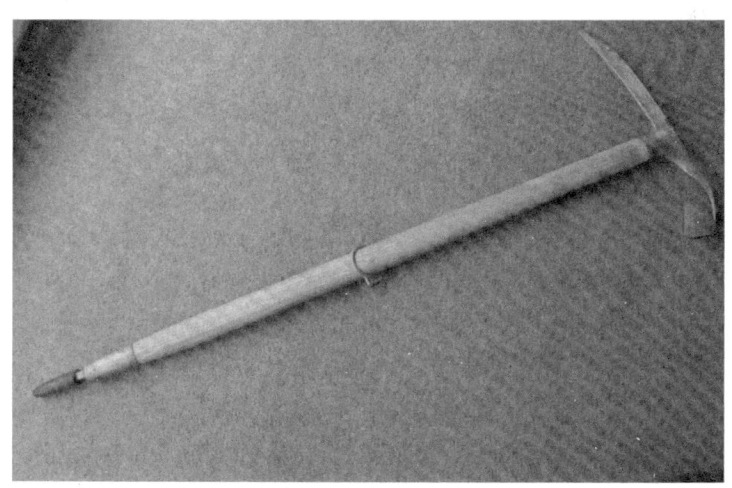

图10-1 第二次世界大战时期的冰镐

(图片来源于https://tiebac.baidu.com/p/5391006279?pid=114097315381&see_lz=1&red_tag=1985272883)

科技进步不仅改变户外运动用品，更改变了人们的活动空间，例如1927年一位英国化学家发明了一种与真雪相当的人造雪，并利用废弃的挪威Nordwestbahnhof火车站建成世界上第一座室内滑雪馆，而现在世界上最大的室内滑雪馆坐落在阿联酋沙漠边缘，室外温度高达41℃，而室内积雪如山。

随着越来越多的人参加户外运动，人与自然的密切接触促使更多的人重视环境保护和可持续发展，例如户外运动爱好者广泛秉持的"无痕山林"法则就是在这样的背景下于1982年在美国诞生，并在1987年得到美国林业署、国家公园署和土地管理局的支持而向社会印发，倡导广

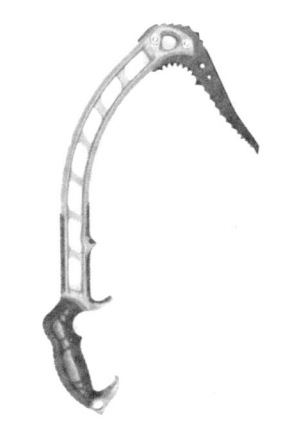

图10-2 现代冰镐

（图片来源于 http://www.sanfo.com/asp/cms/115/4569.html）

大"驴友"保护自然、尊重自然。我们对大自然的态度也从"征服山峰"变为"感谢山的包容"，从"向自然开战"变为"绿水青山就是金山银山"！户外运动加深了人与自然的和谐，促进了人类社会可持续发展的生态环境基础。

（三）户外运动助力国际交流

户外运动还在改善国际关系中发挥着作用。20世纪80—90年代，中、日两国登山运动员多次联合攀登珠穆朗玛峰、南迦巴瓦峰、绰莫拉日峰等，这些基于"登山运动"的体育外交为改善中日关系提供了新思路，也向国际社会展现了中国新形象。现在户外运动在加强国际交流方面发挥着更多作用，例如2015年黄山国际登山大会吸引美国、加拿大、南非、埃塞俄比亚、印度、巴基斯坦、韩国和老挝等66个国家的241名外籍运动员参加，各国选手齐聚一堂，加深交流，增进民族融合，有助于国际社会的和谐发展。

第三节 中国户外运动的发展

虽然我国很早就出现了户外运动的形式，但真正意义上的户外运动出现的时间较晚。从中国户外运动在不同时期的发展形态看，大致可以划分为3个阶段。

（一）萌芽期（1949—1979年）

中华人民共和国成立后，我国百废待兴，体育事业的发展也得到了党和国家的

重视,于1949年2月举办第一届冰上运动会,并在1951年将黑龙江省通化市玉泉北山滑雪场改造为专业运动员训练基地。纵观我国早期户外运动的发展情况,以竞技体育为主,包括攀登珠穆朗玛峰这样的政治活动,而强调休闲娱乐功能的大众户外运动尚未兴起。

(二)探索期(1980—1999年)

改革开放打开了中国与世界沟通的大门,国外户外运动爱好者和我国归国留学人员将当时的户外运动带回国,尤其是1980年开放山峰资源,可谓我国户外运动发展史上的里程碑,从此中国户外运动从专业领域走向大众化。在中国登山协会、退役户外运动员、国内外户外运动爱好者的共同努力下,户外运动活动、培训、用品制造和零售、业余比赛等纷纷兴起,至20世纪末期我国基本形成了比较完善的户外运动社会运行机制,并在户外运动的相关领域摸索和积累了宝贵经验,而1999年中国登山协会在青海省举办首届全国登山大会,意味着我国户外运动开始举步前行,以大众参与为主要形式的户外运动逐渐成为中国户外运动的核心内容。

(三)成长期(2000年至今)

进入21世纪,随着我国社会经济的发展,越来越多有钱、有闲的人开始参加户外运动,"驴友"成为社会热点词汇,而户外运动俱乐部、滑雪、漂流、露营等如雨后春笋般涌现。为了保障我国户外运动蓬勃发展的需要,中国登山协会从2001年正式开展户外专业人才培训,截至2019年12月底,中国已经完成33个类别(包括攀岩、户外、营地等)共1 613期培训工作,累计培训学员42 895人次。截至2016年,我国户外运动爱好者已达1.3亿人,大约占人口总数的1/10,而且2018年11月16日中国地质大学(武汉)和中国登山运动管理中心合建"中国登山户外运动学院"在武汉成立。中国户外运动朝着大众化、规范化和科学化的方向迈出了坚实的步伐。

课后思考题

1. 谈谈你对户外运动与教育关系的认识。
2. 讲述一件中国在户外运动发展过程中的大事件。

附录一

山地类户外运动项目发展情况表

项目	起源	基本发展情况
定向运动	欧洲北部斯堪的纳维亚半岛上活动的军队	1897年世界上第一次野外定向活动在挪威奥斯陆（Nordmarken）举行；1899年世界上的第一场滑雪定向赛事在挪威的Trondheim举行；1918年瑞典的吉兰特（Major Ernst Killander）组织了"寻宝游戏"活动，促进定向运动在民间流传开来。1919年第一次正式的定向运动比赛在斯堪的纳维亚举行，并在北欧得到了迅速发展，很快普及到世界各地
山地自行车	20世纪50年代，法国一些自行车运动员到丘陵地带寻求新的环境和挑战	美国加利福尼亚大学的学生斯科特（James Finley Scott）首次将普通自行车改装成山地车式样；1972年Russ Mahon与他的朋友对自行车进行改装，出现了山地车原型；1975年夏天Gary Fisher以Russ Mahon在比赛中的改装车为原型不断改进，Jame McCleam建议Gary Fisher将这种改良式自行车命名为山地车（MTB）；1996年，山地自行车成为奥运会的正式比赛项目
野外生存与生活	1941年起源于英国	库尔特·汉恩接受劳伦斯·沃特资助，在威尔士的阿伯德威建立一所学校，为沃特培养海员，将学校取名为"Outward Bound School"，因效果显著，受到重视，霍尔特建立了OB基金会，推广Outward Bound这种训练方式；第二次世界大战后，Outward Bound的发展出现了两条脉络，一是拓展训练，另一发展方向就是野外生存与生活。野外生存最主要的倡导者是军队；近年来在中国学校体育教学中进行推广和普及
溯溪与溪降	流行在欧洲阿尔卑斯一带的一种登山方式，专门的溯溪活动多盛行于日本和中国台湾	20世纪60—70年代盛行于日本，中国台湾自70年代开始溯溪活动，后曾一度冷落，90年代以来，在梁明本、庄再传、黄德雄等的大力倡导和推广之下，又呈方兴未艾之势。溪降是由溯溪运动中发展出来的一项极限运动。斯戴芬·霍夫曼是欧洲溪降运动协会的发起人之一，他写的《溪降运动》是经典著作。澳大利亚人达夫·诺贝尔是穿越溪谷最多的人，穿越的溪谷总数超过300个。约翰·威尔斯·鲍威尔被认为是美国溪降运动的鼻祖，他发明了美式的溪降运动（Canyoneer）。在亚洲，中国台湾和香港开展较早，而内地的溪降运动由法国探险家克尼格于1996年6月介绍而来。溯溪与溪降危险性高，参与者有限

续表

项目	起源	基本发展情况
登山	起源于阿尔卑斯山脉	登山运动的发展历史可分为阿尔卑斯黄金时代、白银时代、铁器时代,以及喜马拉雅时代。中国登山运动始于20世纪50年代。1956年建立第一支登山队。1958年国家体育委员会正式设立登山运动处并成立中国登山协会。中国成功首登贡嘎山、慕士塔格、公格尔九别峰、希夏邦玛峰、托木尔峰、纳木那尼峰、南迦巴瓦峰等均为举世瞩目的世界登山史上的重大事件
攀岩	是从登山运动中派生出来的现代竞技项目,被誉为"岩壁上的芭蕾"	阿尔卑斯山脉周围居民因长期有登山传统,逐步发展出一套系统的攀登技术;1865年,英国登山家埃德瓦特首次使用钢锥、铁链和登山绳索等简易装备,成功攀上险峰,成为攀岩技术和攀岩运动的创始人。1890年,英国登山家又改进攀岩工具,使攀岩技术发展更加成熟。20世纪50年代,苏联是最早倡导攀岩运动的国家,以后逐步在欧洲盛行。1985年法国人弗兰西斯·沙威格尼发明了可以自由装卸的仿自然人造岩壁,对攀岩运动的推广具有重要意义。1986年意大利举办了一次真正意义上的攀岩比赛,对难度的要求增大,开创了攀岩历史上的新篇章。1987年中国登山协会派出8名教练和队员去日本长野山岳协会系统学习攀岩,将攀岩运动引入中国
探洞	由登山运动发展而来	在西方,洞穴探险已发展成一项体育运动,吸引众多青年参加。美国、法国、斯洛文尼亚、英国洞穴探险发展较快,中国探洞主要以科学研究为主,几乎没有业余探洞者
滑草	1960年由德国人约瑟夫·凯瑟创始	起初在滑雪国家队夏季训练中被广泛采用,从德国推广到欧洲各国,滑草运动在欧洲兴起以后,20世纪70年代已在世界上许多国家和地区广泛流行,90年代初引入中国,形成了世界规模的大型运动

附录二

冰雪类户外运动项目发展情况表

项目	起源	基本发展情况
滑冰	西方的滑冰运动起源于公元11—12世纪时期西欧和北欧的一些国家。中国的滑冰运动最早可追溯到宋代	滑冰运动早期主要在北方寒冷地区开展。在1250年左右,荷兰人发明了铁制冰刀,1572年苏格兰人发明了全铁制冰刀。1676年在荷兰举办了最早的速滑比赛。18世纪英格兰爱丁堡创立了第一个滑冰俱乐部。1885年,第一次国际速度滑冰比赛在德国汉堡举行。1892年在荷兰鹿特丹第一届国际滑冰联盟代表大会,成立了国际滑冰联盟
花样滑冰	花样滑冰最早在13世纪初期的欧洲就已出现雏形。现代花样滑冰起源于欧洲,最早流传于荷兰,18世纪诞生于英国	早期的花样滑冰主要是用于表演和娱乐活动。1860年,杰克逊·海恩斯首次将花样滑冰技巧动作与优美的华尔兹舞曲相配合进行表演,取得了良好的艺术效果和表演的成功。1882年,首次国际花样滑冰赛在维也纳举行,从1896年开始定期举办世界花样滑冰锦标赛,每年举办一次。1908年,花样滑冰被纳入第四届奥运会
冰球	中国清代18世纪60年代就有冰上足球运动	现代冰球运动于19世纪中叶起源于加拿大。1875年3月3日,在蒙特利尔的维多利亚冰场举行了首次正式的冰球赛。1896年,美国第一个冰球团体在纽约创立。1902年,欧洲的第一个冰球俱乐部在瑞士的莱萨旺诞生。1908年在巴黎成立了国际冰球联合会,总部设在奥地利首都维也纳。1920年冰球运动在第七届奥运会上被列为比赛项目
冰壶	可追溯至500年前的欧洲大陆	早期的冰壶运动主要是苏格兰的纺织工人在工间休息时的娱乐活动。1795年,第一个冰上溜石俱乐部在苏格兰创立。19世纪初期,随着英国人移居新大陆,冰壶运动来到了北美。1807年,北美第一个冰壶俱乐部皇家曼垂尔冰壶俱乐部在加拿大成立。1955年冰上溜石传入亚洲地区,并在日、韩等地流行,中国直到近些年才引进

续表

项目	起源	基本发展情况
攀冰	起源于18世纪的英国	20世纪60年代末欧洲一些登山者根据多年积累的经验发明了小冰镐附带锯齿状镐头以及带坚硬前刺的冰爪。许多登山者使用这些改进的新装备到处寻找冰壁进行攀登并不断改进装备和技术,成为现代攀冰的代名词。1998年北京开始出现攀冰活动
滑雪	始于北欧的挪威,距今已有4000多年的历史	大概在公元前2500年,瑞典中部出现了最早的滑雪板。中国新疆阿勒泰地区发现的原始滑雪板,距今已有6 000多年的历史
越野滑雪	起源于10世纪的北欧	北欧的维京人早在公元10世纪时就以滑雪的方式在山野之中作为运输之用。大约在19世纪50年代被瑞典和挪威的移民引入北美地区。1924年越野滑雪被列为冬奥会比赛项目
高山滑雪	最早的高山滑雪竞赛可以追溯到19世纪末挪威的泰勒马克郡	高山滑雪是在越野滑雪的基础上逐步形成的。1850年挪威的泰勒马克郡出现改变方向和停止滑行的旋转动作。1868年挪威人诺德海姆等表演了侧滑和"S"形快速下降技术。1890年奥地利的茨达尔斯基发明了短滑雪板及滑行技术。1907年英国创立阿尔卑斯滑雪俱乐部。1936年起高山滑雪被列为冬奥会比赛项目
单板滑雪	起源于20世纪初期的美国	现代单板滑雪源于20世纪60年代中期的美国,它的产生与冲浪运动有关。20世纪80年代,滑板滑雪开始风靡美国,之后又传到欧洲。1983年举行了首届世界锦标赛,1990年成立国际滑板滑雪联合会,1994年国际滑联将滑板滑雪定为冬奥会正式比赛项目
狗拉雪橇	起源于4000多年前的北欧地区	很久以前北欧人就开始使用狗拉雪橇从西伯利亚通过白令海峡进入阿拉斯加。从18世纪到20世纪初期,雪橇狗队伍被用来运输、探险、捕猎、拉运补给品、采矿和邮件递送。国际狗拉雪橇运动联合会于1985年成立。雪橇运动在1935年和1952年成为冬季奥运会的项目(表演项目)之一。1990年开始举行世界狗拉雪橇运动锦标赛

续表

项目	起源	基本发展情况
滑雪定向	起源于19世纪末期北欧斯堪的纳维亚国家	滑雪定向作为一种从雪地中安全通过并且快速移动的手段,在北欧地区非常流行。1899年第一次公开的滑雪定向比赛在挪威举行。1988年在汉城举行的第24届奥运会上被定为观摩项目
跳台滑雪	起源于19世纪初期的挪威	现代跳台滑雪起源于挪威泰勒马克郡,1879年在奥斯陆举行了首届跳台滑雪比赛。1924年跳台滑雪被列为冬奥会比赛项目,1925年开始举办世界锦标赛
自由式滑雪	始于20世纪60年代的美国	此项运动最初只是将高山滑雪和杂技集于一身,经过最近几十年的发展,变成了今天的形式。首次自由式滑雪比赛于1966年在新罕布夏州举行。国际滑雪联合会在1979年正式承认自由式滑雪项目
雪车	起源于1883年的英国	1897年,世界上第一个雪车俱乐部在瑞士成立。国际雪车联合会于1923年11月23日在法国巴黎正式成立。1924年雪车项目出现在首届冬奥会上

附录三

水域类户外运动项目发展情况表

项目	起源	基本发展情况
游泳	最早的记录见于Wodiseri岩洞中,即公元前9000年的壁画	游泳运动在有水源的地方普遍开展。现代游泳于17世纪60年代起源于英国,并成为1894年奥运会比赛项目。公元5—8世纪芬兰人开始冬泳。最早从事的长距离横渡可能是英国诗人拜伦在1810年5月3日横渡英吉利海峡
潜水	始于公元前3000年的克里特人	2800年前阿慈里亚帝国将潜水用于军事。公元16世纪欧洲人发明了潜水装备。1943年法国人发明水肺。1959年世界潜水活动联盟在巴黎成立。20世纪40年代潜水用于中国军队训练,1955年德籍华人诺达尔在中国台北成立潜水俱乐部
钓鱼	在巴基斯坦发现的最古老的鱼钩可能有9000年历史	15世纪末成为一项大众休闲运动。希腊文明鼎盛时期产生了飞钓运动。1952年国际钓鱼运动联合会在罗马成立。1946年美国生产了世界上第一款玻璃纤维钓竿,1973年美国生产了世界上第一支碳素纤维钓竿,2009年英国研制出了世界上第一支纳米硼纤维钓鱼竿
冲浪	可以追溯到公元500—800年间的夏威夷古波利尼西亚人	1970年冲浪运动来到加利福尼亚。杜克·卡哈那摩古被认为是现代冲浪运动的创始人,他于1915年将冲浪引入澳大利亚。1956年进入法国,1960年传入亚洲,1985年传入中国
帆船	可以追溯到石器时代,最早的木帆船起源于古埃及。现代帆船运动起源于荷兰	1660年传入英国。18世纪初俄罗斯圣彼得堡成立了帆船俱乐部。1907年国际帆船联合会在法国成立。20世纪60年代日本帆船运动开始发展,1998年成立的深圳蓝帆俱乐部是中国第一家帆船俱乐部
帆板	始于1965年美国人纽曼	1970年美国人修万斯对帆板进行了改良。1970年马里布帆船俱乐部举办了世界上第一次帆板比赛。1980年成为奥运会比赛项目。日本在1973年开展此项运动,中国在1979年开始培训帆板运动员

续表

项目	起源	基本发展情况
摩托艇	1886年起源于德国	1902年开始被渔民当作娱乐工具。1903年第一次摩托艇比赛在爱尔兰举办。1922年国际摩托艇联盟在比利时成立。1980年美国人泰勒设计建造了以火箭为动力的摩托艇。1956年7月摩托艇运动传入中国
滑水	1914年起源于英国约克郡	1946年世界滑水联盟成立,1981年成为奥运会比赛项目。1940年杰克·安德森发明花样滑水。1985年圣地亚哥托尼·芬发明滑板滑水。20世纪60年代传入中国
跳水	约公元前500年	中国早在宋代就有跳水记载。竞赛性跳水于19世纪80年代在英国兴起
漂流	1811年起源于美国怀俄明州	19世纪40年代美国士兵琼·福瑞蒙德发明了漂流橡皮艇。1960—1970年间美国成立多家以自然水域漂流为主业的公司。1972年成为奥运会比赛项目,1996年以后难度增加,变成激流回旋项目。中国从19世纪50年代开始组建漂流运动队
水上飞	20世纪70年代法国阿尔卑斯山区	20世纪80年代末美国人罗伯特·考尔森发明了更结实的漂行板。1986年歌德·黑在新西兰开展此项运动。20世纪90年代后,一些探险家开始溪降和瀑降
皮划艇	最早由北美洲格陵兰岛上的爱斯基摩人制造。现代皮划艇于1865年由苏格兰人麦克格雷戈制造	1867年举办第一次皮划艇比赛。19世纪末德国人赫曼将皮划艇制造成鱼形。1972年出现玻璃钢艇。20世纪30年代皮划艇运动传入中国
水球	始于19世纪60年代的英国	1890年传入美国。1900年被列为奥运会比赛项目。20世纪20年代传入中国香港和广东等地

附录四

航空类户外运动项目发展情况表

项目	起源	基本发展情况
滑翔翼	19世纪德国人奥托李连泰（Otto Lilienthal）发明滑翔翼	1903年莱特兄弟在奥托李连泰的发明基础上成功研制出飞机；1948年洛格罗发明三角形软翼；20世纪70年代滑翔翼在美国蓬勃发展，并开始商业化，在此期间滑翔翼成为一项正式的国际体育项目；20世纪80年代动力滑翔翼研制成功；90年代，瑞典人发明微动力滑翔翼；2012年挪威人发明水上滑翔翼
滑翔伞	1961年法国工程师皮埃尔研制出滑翔伞雏形	1965年美国人戴维斯使滑翔伞名声传播到民间；1984年法国登山家菲隆使滑翔伞名声传遍世界；1989年举办第一届世界滑翔伞锦标赛
热气球	始于孔明灯的发明	1783年法国蒙特高菲尔兄弟首次成功建造大型热气球，并实现载人飞行；1878年法国世博会期间展示的热气球引起全球关注；20世纪50年代美国人约斯特研制了带燃料器的热气球；"双鹰3号"成功飞越了大西洋和太平洋
跳伞	始于1797年法国人加勒林的发明	1911年美国人莫顿首次从飞机上跳伞；1926年，美国率先将跳伞运动正式列为空中比赛项目；1951年国际航空联合会确认跳伞为正式比赛项目；2012年奥地利著名极限运动员菲利克斯·鲍姆加特纳从128 097英尺（约122 467.97m）纵身跃下，成为地球上首位完成超音速自由落体的跳伞运动员
翼装飞行	始于1997年法国跳伞运动员盖耀丹展示翼装的可靠性	1998年澳大利亚定点跳伞运动员杰济科试用了他为自己制造的翼装；1999年专业翼装生产公司成立；2002年以后翼装飞行开始普及；2005年芬兰冒险家维萨发明了动力翼装；2010年冒险家奥格威恩登顶珠峰附近的高山后穿着翼装跳下，使翼装飞行名噪全球

附录五

中国户外运动项目发展情况表

项目	主要事件
公开水域游泳	1966年7月16日,毛泽东主席畅游长江,并号召大家参加游泳;1958年1月7日和10日,毛泽东主席两次在南宁邕江冬泳,引发的群众纪念活动推动了南方冬泳的发展;1998年全国首届公开水域游泳比赛在福建省古田县举行
滑冰	1948年冬,哈尔滨市团委浇出一块冰场,免费向市民开放,开启了东北地区群众滑冰时代;1953年2月15—19日,举办了第一届全国冰上运动会,促进了滑冰运动在全国范围的推广;1956年,中国冬季运动协会在北京成立;1957年,中国第一次派运动员参加世界速滑锦标赛;1980年6月,中国滑冰协会成立
滑雪	1951年,中国火车头体协改造玉泉北山滑雪场,这是中国第一个专业运动员训练滑雪场;1954年,东北地区开始举办各种滑雪运动会;1957年,首届全国滑雪运动会在黑龙江省通化市举行;1995年中国滑雪场对公众开放
登山	1955年5月,许竞、师秀、周正和杨德源等赴苏联学习登山技术,从此中国有了自己的专业登山运动员;1956年3月,中华全国总工会登山队在北京成立;1960年5月25日,中国国家登山队首次从北坡登顶珠穆朗玛峰;1979年9月,国务院批准从1980年起对外开放珠穆朗玛峰等8座山峰,接待外国人自费来华登山,中国民间登山活动由此拉开帷幕;1999年首届全国登山大会在青海玉珠穆朗玛峰举行,中国登山运动开始向民间延伸
轮滑	19世纪30年代通过杂技传入中国沿海地区;1982年5月中国首次在上海举办了"金雀杯"速度溜冰邀请赛,轮滑运动开启了中国发展之旅;20世纪90年代,开建公共旱冰场
跳伞	1942年4月4日,重庆跳伞塔建成;1950年9月29日,中华人民共和国成立后的第一批空降兵指战员开始参加跳伞训练;1955年8月,中国跳伞运动员第一次参加跳伞比赛;1952年,开始培养跳伞专业运动员;1964年8月,中国航空运动协会跳伞委员会成立;1978年10月21日,加入国际航联
钓鱼	1980年12月10日无锡市钓鱼协会成立;1983年中国钓鱼协会成立;1984年《中国钓鱼》创刊;1984年9月首届全国钓鱼比赛在北京举办;1996年孔杰等在中国推广海钓

续表

项目	主要事件
帆板	1979年国家体育委员会首条国产帆板研制成功;1982年中国帆板运动员开始参加国际比赛;2010年浙江温岭成立了首支帆板业余队
定向越野	1983年从解放军军事体育学院开始;1992年中国定向运动委员会加入国家定联;1994年清华大学代表队参加世界大学生定向运动比赛;1995年中国定向运动协会成立
山地户外运动	20世纪80年代随着外国人入华登山,探险传入中国;2000年在长白山第一次举办登山越野挑战赛;2005年经国家体育总局研究决定,同意将"山地户外运动"设立为中国正式开展的体育项目
徒步	1998年在北京、广州等地兴起;2004年北京每日徒步运动中心正式加入国际市民体育联盟;2009年举办全国山地徒步大会
溯溪	20世纪90年代末从中国台湾传入内地
溪降	1996年6月由法国探险家克尼格引入中国
岩降	20世纪90年代初传入中国
洞穴探险	20世纪80年代初中国部分溶洞开放,国内开始组织观洞旅游;2004年以后开始出现民间业余探洞爱好者
漂流	1985年尧茂书首漂长江;1987年湖南省茅岩河建设中国第一条漂流旅游线路;1998年珠江漂流无人员伤亡,重启中国探险漂流运动;1998年4月9日,在贵州省兴义市马岭河峡谷举办了"红中杯"中国首届国际皮划艇漂流比赛
滑翔翼	1953年开始;1981年被国家体育委员会列为正式比赛项目。中国目前依然缺乏参加该运动的民间业余爱好者
滑草	20世纪90年代初进入中国;1995年福建省建成第一家滑草专用场地
热气球	20世纪80年代初进入中国
帆船	1979年进入中国;1998年深圳开办国内第一家帆船俱乐部
皮划艇	20世纪30年代进入中国;1954年在北京市水上运动会中设立了皮划艇比赛项目;1975年皮划艇被列为全运会正式比赛项目
摩托艇	1956年7月中国开展摩托艇运动员训练;1980年12月11日中国加入国际摩托艇联盟;1986年中国摩托艇协会在北京成立
潜水	20世纪40年代用于军事训练;1955年德籍华人诺达尔成立潜水俱乐部并在中国推广潜水运动;1964年11月在广东湛江举办了第一届潜水比赛;1986年4月26名美国游客到三亚潜水旅游,这是海南第一批潜水游客
翼装飞行	2011年9月25日,美国人杰克·克里斯翼装穿越张家界天门洞

主要参考文献

白萍.对中国滑翔伞运动现状的调查研究[D].北京:北京体育大学,2006.

百度百科.抽冰猴[EB/OL].[2019-12-28].https://baike.baidu.com/item/％E6％8A％BD％E5％86％B0％E7％8C％B4/18858376？fr=aladdin.

百度百科.游渡海峡[EB/OL].[2019-09-01].http://www.baike.com/wiki/游渡海峡&prd=so_1_doc.

鲍艾乐.那些中国人玩滑翔伞[N].金融时报,2011-01-24.

鲍军超.湖北高校定向运动发展现状与对策研究[D].武汉:华中师范大学,2006.

长弓.中国钓鱼的发展轨迹——中国钓鱼历史悠久[J].钓鱼,2010(1):12-13.

陈恒义.时尚体育——户外运动[M].西安:西安地图出版社,2009.

陈红梅.乌鲁木齐徒步旅游发展研究[D].乌鲁木齐:新疆师范大学,2010.

陈健生.北欧的冰雪运动[J].少年科学,2005(2):54-56.

陈伟海,朱德浩.中国的游览洞穴[A]//陈安泽,卢云婷,等.全国第19届旅游地学年会暨韶关市旅游发展战略研讨会论文集.北京:中国林业出版社,2005.

陈志坚,董范.户外运动教学体系的研究[J].武汉体育学院学报,2006,40(6):106-108.

单兆鉴.滑雪运动指南[M].北京:人民体育出版社,2004.

登山频道.艾格峰北壁[EB/OL].[2016-10-13].http://www.xzwyu.com/article-23215-1.html.

董范,陈刚,牛小洪.登山运动[M].武汉:中国地质大学出版社,2009.

董范,刘华荣,国伟.户外运动组织与管理[M].武汉:中国地质大学出版社,2009.

董少伟.冰雪运动对学生身心素质培养的研究[J].冰雪运动,2004(1):42.

范靖国.中国古代的滑雪[J].冰雪运动,1984(4):63.

范学坤.冬泳狂人札记[M].哈尔滨:哈尔滨出版社,2000.

方童,王勇森.潜入深海,与水为伴[J].走向世界,2013,34(2):1-6.

冯建中.中国滑冰运动史[M].武汉:武汉出版社,2006.

冯婧.中国跳伞运动发展的研究[D].北京:北京体育大学,2007.

冯亚,季浏,汪晓赞,等.国内外学校"野外生存生活训练"若干问题的比较研究[J].体育科研,2005(3):116-118.

冯亚.野外生存生活训练对大学生自我效能和内部动机影响的实验研究[D].上海:华东师范大学,2006.

付爽.冰上运动概述[J].沈阳体育学院学报,2003(B12):15-18.

高俊,黄滨.我国冰钓运动发展研究[J].体育文化导刊,2013(12):25-28.

郭进辉.中国户外运动旅游产业发展评书[J].北京第二外国学院学报,2008(5):54-57.

郭新娥.碧空银花——回顾中国跳伞运动的发展历程[J].体育文史,1990(5):30-32.

国家体委体育文史工作委员会.中国体育单项运动史丛书[M].武汉:武汉出版社,1994.

国家体育总局登山运动管理中心.中国登山协会发展历程[EB/OL].[2015-07-23].http://www.sport.gov.cn/dszx/n5412/c674047/content.html.

国家体育总局职业技能鉴定指导中心.攀岩[M].北京:高等教育出版社,2012.

韩晔.我国古代北方少数民族的雪上活动[J].冰雪运动.2002(3):82-83.

航空无线电模型运动管理中心.动力三角翼[Z].北京:国家体育总局,2012.

航空无线电模型运动管理中心.滑翔伞[Z].北京:国家体育总局,2012.

航空无线电模型运动管理中心.跳伞[Z].北京:国家体育总局,2012.

何晓知.定向运动的历史回顾与未来发展[J].体育学刊,2001,8(6):68-69.

何晓知.中国定向运动的发展与回眸[J].湖北体育科技,2004,32(2):248-249,252.

胡奇志,芦立前.冰上体育运动发展史介绍[J].冰雪运动,2000(5):65-67.

胡卫华,吴楚材.中国野营旅游的可持续发展对策[J].资源与产业,2010,12(3):118-122.

黄保健,张远海,陈伟海,等.岩溶探险型旅游资源刍议[A]//全国第十五届洞穴学术会议论文集.北京:地质出版社,2009:212-224.

黄海涛.对我国中南地区冬泳锻炼的研究[J].武汉体育学院学报,2003,37(3):163-164.

黄静,熊昌进.攀岩运动[M].上海:上海科学普及出版社,2005.

黄慊.攀冰——别样的冰上芭蕾[J].中国科技财富,2007(Z1):132-134.

黄向.徒步旅游国内外发展特点比较研究[J].世界地理研究,2005,14(3)73-79.

简书.中国钓鱼发展史(一)[EB/OL].[2019-09-01].https://www.jianshu.com/p/49eb17430b33.

景俊杰,承泽旭.上海市大学生徒步穿越风险管理研究[J].体育科研,2019,40(2):56-62.

康睿.陕西省普通高校定向越野项目开展现状与发展对策分析[D].西安:西安体育学院,2011.

考斯.登山圣经[M].汕头:汕头大学出版社,2007.

雷蒙多·弗拉瓦,志贺仁郎,等.冰上运动历史点滴[J].冰雪运动,1982(6):110-113.

李波.我国群众公开水域游泳的发展现状、存在问题及对策研究[D].北京:北京体育大学,2010.

李冬.基于扑翼原理的帆板摇帆推进机理研究[D].北京:中国海洋大学,2007.

李红艳.户外运动的理论与实践研究[D].北京:北京体育大学,2006.

李辉.黑龙江冬泳运动现状、影响因素及对策研究[D].哈尔滨:哈尔滨工程大学,2007.

李砺瑾.真人CS游戏[N].洛阳晚报,2012-12-06.

李舒平.户外运动的风险管理[M].广州:广东科技出版社,2009.

李爽.刍议我国东北滑雪旅游的历史演进与发展[J].黑龙江社会科学,2009(1):116-118.

李溪.我国旅游洞穴的统计分析[D].成都:西南大学,2015.

李阳.关于我国户外运动发展历程及发展路径的探析[J].体育研究,2012(3):347.

李钰.沉醉深蓝·潜出新意[J].中国新时代,2015(12):84-89.

李志明.徐霞客旅行一生偏爱南方结束之地在腾冲[N].广州日报,2016-05-11.

李致新.户外运动的健身意义及其规范化[Z].国家体育总局登山运动管理中心,2003.

栗树彬.中国现代登山运动的开端[J].体育文史,1987(2):27-30.

梁海燕,陈华.美国户外运动的发展及其对我国的启示[J].首都体育学院学报,2012,24(1):64-67

梁强,陈亚群,张婷,等.美国户外休闲经济报告解读与分析[J].体育成人教育学刊,2018,34(2):1-6.

刘大鹏,王海,唐云松.文化自信视域下我国滑雪运动发展历史及其文化传承[J].冰雪运动,2018,40(2):76-79.

刘凤香.户外运动与体育旅游的概念与关系辨析[J].武汉体育学院学报,2008,42(2):74-78.

刘宏玉.冲浪运动研究[J].体育文化导刊,2015,2(2):52-55.

刘吉.中国潜水运动史[M].武汉:武汉出版社,1999.

刘全,张勇,王志学.现代休闲体育的特质、发展态势及策略研究[J].北京体育大学学报,2017,40(11):22-27.

刘晓明.新疆户外徒步运动的兴起与发展研究[D].乌鲁木齐:新疆师范大学,2008.

刘晓岩,张明.滑水运动起源简介:20世纪初创造 英法美争当鼻祖[EB/OL].[2005-08-05].http://sports.sina.com.cn/s/2005-08-05/1045631194s.shtml.

刘延柱.从孔明灯到热气球[J].力学与实践,2010(3):133-134.

刘忠武,王永祥.冰雪运动[M].北京:高等教育出版社,2006.

柳伯力.体育旅游概论[M].北京:人民体育出版社,2013.

卢峰.休闲体育学[M].北京:人民体育出版社,2005.

陆娟.俯式冰橇简介[EB/OL].[2015-09-03].https://sports.huanqiu.com/article/

9CaKrnJP6rq？w＝280．

吕彦,浦义俊.WARGAME野战生存运动研究[J].军事体育进修学院学报,2011,30(3):94-97.

旅游经济.体育旅游投资报告—全球体育旅游市场规模到2020年有望突破4 000亿美元[EB/OL].[2016-03-14].http：//www.199it.com/archives/447904.html.

栾开封.走向户外——漫议户外时尚运动的兴起与中国的社会进步[J].体育文化导刊,2002(5):16-17.

骆腾昆,郭托有,郑达雄.户外冒险教育[M].厦门:厦门大学出版社,2018.

马喜强.自由式滑雪雪上技巧发展状况的研究[D].苏州:苏州大学,2008.

马欣祥,田庄.对户外运动概念的重新甄别与界定[J].中国体育科技,2015,51(1):140-145.

马毅.冰壶运动概述[J].沈阳体育学院学报,1994(1):26-28.

马志强.追踪中国20年漂流运动史——探索珍贵的漂流运动资料库[J].档案管理,2005(6):96.

美骑网.山地越野车的起源[EB/OL].[2010-07-19].http：//www.biketo.com/knowledge/2366.html.

蒙思辰.徒步"驴行"你准备好了吗？[J].中国新时代,2012,178(12):120-121.

孟昭莉.定向运动[M].大连:大连理工大学出版社,2007.

穆原.邀你共舞冰上芭蕾[J].中国体育,2006(1):100-101.

牛小洪,董范,等.野外生存[M].武汉:中国地质大学出版社,2014.

齐震.休闲视角下的户外运动[J].沈阳体育学院学报,2008,27(2):44-45.

青岛航海运动学校.《航海运动》参考资料[EB/OL].[2018-06-16].http://www.sport.gov.cn.

人民网.环球帆船赛"青岛号"将返母港[EB/OL].[2018-03-07].http：//sports.people.com.cn/n1/2018/0307/c412458-29853007.html.

人民网.俯式冰橇[EB/OL].[2014-01-26].http：//sports.people.com.cn/n/2014/0126/c374193-24234951.html.

杉山进,鲁琴,李世钦.越野滑雪[J].冰雪运动,1985(4):47-50.

社科院旅游研究中心.中国户外运动发展现状与展望[EB/OL].[2019-10-12].https://www.sohu.com/a/244773990_126204.

史占春.中国的登山运动[J].今日中国(中文版),1984(8):65-66.

斯万德·福兰德森,常志良,等.冬奥会滑雪项目的历史演变[J].体育文化导刊,2006(9):74-75.

宋瑞,金准.休闲与主观幸福感:西方研究述评[J].杭州师范大学学报(社会科学版),2015(6):112-118.

宋学岷,司虎克.中国户外运动研究的发展特征及趋势分析[J].广州体育学院学报,2018,38(2):48-56.

宋增文,向宝惠,王婧,等.国内外探险旅游研究进展[J].人文地理,2009,24(5):25-30.

搜狐.潜水服简史[EB/OL].[2019-09-01].http://www.sohu.com/a/33635736_228644.

搜狐体育.现代登山运动的起源与发展[EB/OL].[2003-03-24].https://sports.sohu.com/50/50/news207545050.shtml.

孙陶陶,崔秀英,张德永.新中国跳伞运动发展简况[J].体育文史,1983(3):10-12.

孙翔.百丈冰瀑谁与"峰"[N].齐鲁晚报,2013-01-21.

谭达顺.新时期徒步运动的社会文化学研究[J].运动,2011(27):152-153.

陶玉晶.中国速度滑冰陆地辅助训练手段的理论与实践研究[D].长春:东北师范大学,2011.

腾讯体育.国外摩托艇运动发展历史[EB/OL].[2019-06-26].https://sports.qq.com/a/20110602/000712.htm.

田立山.中国古代滑雪运动考述[J].浙江体育科学,2013,35(1):115-117.

田文涛.我国滑冰运动溯源[J]当代体育,1984(2):28-29.

汪巍.玩热气球也发狂[J].江苏航空,2001(4):39-40.

汪宇峰.世界冰球运动的起源、发展及其特征研究[J].哈尔滨体育学院学报,2016,34(2):15-19.

王传伟,郭锋,江泽平,等.美国的户外游憩资源管理[J].世界林业研究,2008,21(2):63-67.

王德洪.清代冰上蹴鞠运动[J].体育文化导刊,2003(8):78.

王立平,孙妍,王磊.当前我国大众户外运动发展现状研究[J]山东体育学院学报,2012,28(4):19-23.

王亮.中国古代的户外运动[N].证券时报,2006-03-18.

王龙飞,姚远.美国户外探险旅游发展经验及其启示[J].体育文化导刊,2011(6):36-40.

王孟林,王石安.滑雪运动[M].哈尔滨:黑龙江人民出版社,1994.

王苏光.户外探险与野外生存[M].苏州:苏州大学出版社,2011.

文兴.冰上巧捷推万端[J].文体用品与科技,2014(1):28-31.

翁家银.山地户外运动安全风险管理研究[R].北京:国家体育总局,2009.

吴小平.滑雪定向越野——一项新兴的国际体育运动项目[J].冰雪运动,1985(1):51-54.

夏德明,刘尧峰.从土家族地区漂流看漂流文化与体育旅游[J].湖北体育科技,2009,28(1):79-80.

现代登山运动的起源与发展[EB/OL].[2003-03-24].http://www.sports.sohu.com.

新浪体育.摩托艇的前世今生 记中国摩托艇运动的光辉历程[EB/OL].[2014-10-12]. http://sports.sina.com.cn/o/2014-10-12/00247366873.shtml.

徐广伟.东北渔猎先民原始图符纹饰在赫哲族中的传承与应用[D].北京:中央民族大学,2011.

徐伟刚.休闲潜水[M].上海:上海科学普及出版社,2008.

徐艳文.充满刺激的水上漂流[J].体育用品与科技,2017,21(2):44-45.

雪风.冬季运动百科:冬季两项(Biathlon)[EB/OL].[2016-01-08].http://sports.china.com.cn/dongji/shisandong/detail1_2016_01/08/478198.html.

亚洲泳联游泳体育中心.游泳的历史与发展[EB/OL].[2019-09-01].http://asiaswimmingsports.com/swimming.html#03.

杨春霞.西安市户外体育运动开展现状及其发展空间[J].陕西教育学院学报,2010,26(1):122-124.

杨军.中国冰雪文化发展研究[J].体育文化导刊,2008(9):35-36.

杨树人,柳万熙.冰上运动文化及其价值[J].哈尔滨体育学院学报,1997,15(4):1-5.

杨树人.现代北方人生活方式与冬季体育运动[J].西安体育学院学报,2000,17(1):6-9.

杨一,高洋.热气球和热气球运动[J].中国民兵,1988(9):4.

尧茂书.百度百科[EB/OL].[2019-10-08]. https://baike.baidu.com/item/%E5%B0%A7%E8%8C%82%E4%B9%A6/9090921?fr=aladdin.

殷鸿俊.引人入胜的悬挂滑翔运动[J].民用航空,2007(1):58-59.

尹逊平.加强思想政治工作 巩固军警民联防——拉萨市城关区人武部组织民兵配合公安武警维护社会稳定的做法[J].西南民兵,2001(7):16.

游茂林,张东军,鲍军超.户外运动发展史研究[M].北京:北京大学出版社,2013.

游茂林.湖北省漂流旅游资源开发与利用研究[M].武汉:中国地质大学出版社,2017.

于立.沿海地区大学生海岛"野外生存生活训练"课程的研究[D].长春:东北师范大学,2008.

于亮,王瑞元,周越,等.冰壶运动的起源与发展研究[J].体育文化导刊,2012(3):133-136.

雨前.滑草:飞翔在野[J].市场瞭望,2007(11):66-67.

袁永鹏.体育课堂上的定向运动[J].大连教育学院学报,2008(2):97-98.

原志全,原英.根据黑龙江省冬季气候条件的特点开展小型多样的冰雪体育活动[J].冰雪运动,2004(3):77-78.

曾五一.定向越野[J].文体用品与科技,2004(11):34-35.

翟烜.跳水观赛礼仪:湿热别当"膀爷"水花小非最好[N].北京娱乐信报,2017-01-31.

翟宗鑫.国外流行的户外运动[J].环球体育市场,2010(5):28-29.

展鹏.少年速度滑冰基本技术评定对运动员未来竞技能力的影响[D].哈尔滨:哈尔滨师范大学,2012.

张彩珍.中国登山运动史[M].武汉:武汉出版社,1993.

张晨翼.2016年到访尼泊尔珠穆朗玛峰地区游客增长三分之一[EB/OL].[2017-01-02].http://www.chinanews.com/gj/2017/01-02/8111546.shtml.

张德成.浅谈滑雪旅游与人类文化[J].冰雪运动,2002(1):78-80.

张海威.中外女子单人花样滑冰联合旋转的对比研究[D].长春:吉林体育学院,2010.

张华明,耿娟娟.自主旅游者的价值行为研究[J].商场现代化,2008(2):227-228.

张惠红,阎健,黄超群.大学生野外基本生存生活训练内容的研究[J].中国学校体育,2003(3):50-51.

张建新,牛小洪.户外运动宝典[M].武汉:湖北科学技术出版社,2009.

张珺,林刚.洞穴探险旅游开发的探讨[J].桂林工学院学报,2004,24(4):519-523.

张利民.潜水运动的中国式发展——记李新昉和他的德贝潜水[N].经济参考报,2013-20-25.

张凌云.国际上流行的旅游定义和概念综述——兼对旅游本质的再认识[J].旅游学刊,2008,23(1):86-91.

张鹏飞,陆晶晶.我国户外运动研究现状[J].体育成人教育学刊,2009,25(5):47-49.

张强,常青,袁汉城.中国现代潜水运动起步阶段的历史意义[J].玉林师范学院学报(自然科学),2011,32(2):126-128.

张群.中国山峰资料及户外运动资源信息查阅系统的开发研究[D].武汉:中国地质大学(武汉),2011.

张香菊,陈俊君,李竹娟,等.国内徒步旅游研究进展概述[J].四川烹饪高等专科学校学报,2013(5):34-39.

张永德,田文涛.雪之魂——蹒跚的中国滑雪运动[J].当代体育,1993(5):19-20.

张雨.我国山地户外运动赛事组织理论与实践研究[D].北京:北京体育大学,2011.

张志坚.户外运动的意义及其规范化[R].北京:国家登山运动管理中心,2003.

张志鹏,冯伟,王珂.冰壶运动的起源及其目前开展情况[J].哈尔滨体育学院学报,2010,28(5):26-29.

张尊.国内户外运动研究综述[J].科技广场,2011(10):221-225.

赵睿.冰雪运动技巧[M].北京:中国社会出版社,2007.

赵霞.青少年户外教育的国际经验及启示[J].中国青年研究,2015(4):107-108.

赵莹.中国城市休闲时空行为研究前沿[J].旅游学刊,2016(9):30-37.

中国登山协会.山地户外运动成为我国正式开展的体育项目[EB/OL].[2005-05-25].http://www.cmasports.sport.org.cn.

中国登山协会.中国登山协会章程[EB/OL].[2013-03-19].http：//www.cmasports.sport.org.cn.

中国登山协会.中国登山运动史[M].武汉:武汉出版社,1993.

中国滑雪协会.高山滑雪初级教程[M].北京:人民体育出版社,2005.

中国网.冬季运动百科:冬季两项(Biathlon)[EB/OL].[2016-01-08].http：//sports.china.com.cn/dongji/shisandong/detail1_2016_01/08/478198.html.

中国游泳协会冬泳委员会.冬泳[M].北京:金城出版社,2004.

中国游泳协会冬泳委员会.中国冬泳史料选编(1949—1978)[R].北京:中国游泳协会冬泳委员会,2005.

周宏伟,虞超英.浙江省户外运动发展现状及对策研究[J].浙江体育科学,2009,31(6):35-38.

周民选.人类跳伞运动的演变与发展(一)[J].江苏航空,2000(1):43-45.

周民选.人类跳伞运动的演变与发展(二)[J].江苏航空,2000(2):41-44.

朱璇.背包旅游:基于中国案例的理论和实证研究[D].上海:华东师范大学,2005.

子墨.滑翔伞运动:最高海拔4 000m最远飞行400km[N].东南早报,2011-08-18.

Adrian H F,Tadesse H,Arlene I. Greenspan national estimates of outdoor recreational injuries treated in emergency departments, united states,2004—2005[J]. Wilderness and Environmental Medicine,2008(19):91-98.

Alan E. Outdoor adventure recreation:a trend analysis[J]. Journal of Leisure Research,1987,5(2):57-67.

Alan E. Research in outdoor adventure:overview and analysis[J]. The Bradford Papers Annual,1987(2):15-28.

Alan W E,Hollenhorst S J. Adventure recreation and its implications for wilderness[J]. International Journal of Wilderness,1997,3(2):21-26.

Alec J. Recording aquarena history[J]. Hillviews,2010,39(2):64-67.

American Canyoneering Association. Some canyoneering history[EB/OL].[2018-06-16]. https://www.canyoneering.net/about-the-aca/.

Ardahan. Examining relation between emotional intelligence and life satisfaction on the example of outdoor sports participants[J]. Pamukkale Journal of Sport Sciences,2012,3(3):20-33.

Barton B. Safety, risk and adventure in outdoor activities[M]. London:Paul Chapman Publishing Ltd,2006.

Beck C,Fagan B. The oxford companion to archaeology[M]. Oxford:Oxford University Press,1999.

Beres S. 101 outdoor adventures:great things to do under the sun (and the stars)[M].

Boston:Dutton Children's Books,2002.

Bottenburg M,Salome L. The indoorisation of outdoor sports: an exploration of the rise of lifestyle sports in artificial settings[J]. Leisure Studies,2010,29(2):143-160.

Brandt J. A brief history of the mountain bike[EB/OL]. [2005-10-18]. https://www.sheldonbrown.com/brandt/mtb-history.html.

Buckley R. Adventure tourism[M]. London:CAB International,2006.

Clawson M. Outdoor recreation: twenty-five years of history, twenty-five years of projection[J]. Leisure Sciences,1985,7(1):73-99.

Cordell H K. Outdoor recreation in american life: a national assessment of demand and supply trends[M]. California:Sagamore Publishing,1999.

Cox S,Fulsaas K. Mountaineering: the freedom of the hills[M]. 7th ed. Seattle: The Mountaineers,2009.

Darst P,Armstong G. Outdoor adventure activities for school and recreation programs[M]. Long Grove :Waveland Press Inc. ,1980.

Donald R. Hammerman northern. outdoor education:then,now,tomorrow[C]// Selected Article from The Reynold E. Carlson Lecture Series,1981.

Donaldson G W, Donaldson L E. Outdoor education a definition[J]. Journal of Health, Physical Education,Recreation,1958,29(5):17-63.

Ewert A,Hollenhorst S. Adventure recreation and its implications for wilderness[J]. International Journal of Wilderness,1997,3(2):21-26.

Ewert A. Outdoor adventure recreation: a trend analysis[J]. Journal of Leisure Research,1987,5(2):57-67.

Ewert A. Research in outdoor adventure:overview and analysis[J]. The Bradford Papers Annual,1987,8(2):15-28.

Flores A,Haileyesus T,Greenspan A. National estimates of outdoor recreational injuries treated in emergency departments, United States,2004—2005[J]. Wilderness and Environmental Medicine,2008(19):91-98.

Gartner W,Lime D. Trends in outdoor recreation leisure & tourism[M]. London:CABI Publishing,2000.

Gentin S. Outdoor recreation and ethnicity in europe:a review[J]. Urban Forestry & Urban Greening,2001,10(2):153-161.

Hanley N,Shaw W D,Wright R E. The new economics of outdoor recreation[M]. Cornwall:MPG Books Ltd,2003.

Herbert G K,Dianne L D. Outdoor recreation in mountains[J]. Geo Journal,1992,27(1):97-104.

Hudson S. Sport and adventure tourism[M]. New York:The Haworth Press,2003.

Ibrahim H,Cordes K. Outdoor recreation enrichment for a lifetime[M]. 3th ed. Champaign:Sagamore Publishing,L. L. C. ,2008.

Ibrahim H,Kathleen A. Cordes outdoor recreation enrichment for a lifetime[M]. 3th ed. Champaign:Sagamore Publishing, L. L. C. ,2008.

Infoplease. Sailing:History of Sport Sailing[EB/OL]. [2019-09-01]. https://www. infoplease. com/encyclopedia/life/sports/info/sailing/history-of-sport-sailing.

International Camping Fellowship. Annual report[EB/OL]. [2019-06-23]. http://icf-connect. net/about-icf/annual-report.

International Orienteering Federation. About orienteering[EB/OL]. [2018-12-28]. https://orienteering. org/about-orienteering.

International Orienteering Federation. The early days of orienteering[EB/OL]. [2018-12-28]. https://orient-eering. org/about-the-iof/history.

Jeffrey L M,Scott E R. Development of the U. S. leave no trace program:an historic perspec-tive[EB/OL]. [2001-01-20]. https://www. fs. usda. gov/Internet/FSE_DOCUMENTS/fsbdev2_038125.

Jennings A. Recording aquarena history[J]. Hillviews,2010,39(2):64-67.

Jensen C. Outdoor recreation in America[M]. Champaign:Human Kinetics,2005.

Jobst B. A brief history of the mountain bike[EB/OL]. [1998-10-08]. https://www. sheldonbrown. com/ brandt/mtb-history. html.

John J P,John M J. 户外游憩管理[M]. 高峻,朱璿,吴云,等译. 重庆:重庆大学出版社, 2011.

Kariel H,Draper D. Outdoor recreation in mountains[J]. Geo Journal,1992,27(1): 97-104.

Karin W. Outdoor adventure tourism:A review of research approaches[J]. Annals of Tourism Research,2001,28(2):360-377.

Maarten V B,Lotte S. The indoorisation of outdoor sports:an exploration of the rise of lifestyle sports in artificial settings[J]. Leisure Studies,2010,29(2):143-160.

Marcus B. The history of surfing from captain cook to the present[EB/OL]. [2018-06-28]. http://www. surfingforlife. com/history. html.

Marion C. Mountain biking history[EB/OL]. [2018-10-11]. https://mtbhome. com/mountain-biking/history/.

Marion C. Outdoor recreation:twenty-five years of history,twenty-five years of projection[J]. Leisure Science,1985,7(1):73-99.

Michael S. Orienteering[EB/OL]. [2011-05-09]. http://www. rcampus. com.

Mike M. A brief history of hang gliding, paragliding, and wills wing[EB/OL].[2011-06-26].hobby.rin.ru/cgi-bin/eng/print.pl?id=103.

Mike W,Chris B.体育旅游[M].戴光全,朱竑主,译.天津:南开大学出版社,2011.

Ogilvie K C. Roots and wings: a history of outdoor education and outdoor learning in the UK[M]. Dorset:Russell House,2013.

Priest S. Redefining outdoor education: a matter of many relationships[J]. The Journal of Environmental Education,1986,17(3):13-15.

Redwood B. A short history of motor boating[EB/OL].[2018-10-28]. http://www.lesliefield.com/other_history/a_short_history_of_motor_boating.htm.

Ron W. Generational analysis: a new method of examining the history of outdoor adventure activities and a possible predictor of long range trends[EB/OL].[2011-06-26]. http://www.isu.edu/outdoor/Generations.html.

Ryan M. Thomas Hiram Holding: Father of Modern Camping[EB/OL].[2013-05-07]. http://guysgocamping.com/campfire-tales/biography/thomas-hiram-holding/.

Sandra G. Outdoor recreation and ethnicity in Europe—A review[J]. Urban Forestry & Urban Greening,2001(10):153-161.

Schurman C,Schurman D. The outdoor athlete[M]. Champaign:Human Kinetics, 2009.

Simon M. The influence of perceived risk on participation in outdoor education by pre-teen age schoolchildren in New Zealand: Perspectives from teachers, boards of trustees' parents and outdoor education providers[C]// The New Zealand Tourism Research Institute,2010.

Somers L H. History of diving:selected events[EB/OL].[2010-10-18]. https://www.oseh.umich.edu/articles/history.pdf.

Sorrentio M. Orienteering[EB/OL].[2011-05-09]. https://www.rcampus.com.

Stewart E,Draper D,Johnston M. A review of tourism research in the polar regions[J]. Tourism Research in Polar Regions,2005,58(4):383-394.

Swarbrooke J,Beard C,Leckie S,et al. Adventure toutism: the new frontier[M]. London:Elsevier Science Ltd,2003.

Thomas S,Raymond C. Risk and provider responsibility in outdoor adventure activities[J]. Teacher Development,1998,2(2):265-281.

Various A. The golden Aage of mountaineering-from the early history of mountaineering, to equipment used and accounts of early expeditions[M]. Paris:Ardley Press,2000.

Vidyadhar Y M. Powered Hang Gliding[J]. Resonance,2003(11):50-60.

Watters R. Generational analysis: a new method of examining the history of outdoor adventure activities and a possible predictor of long range trends[EB/OL].[2011-06-26]. https://www.isu.edu/outdoor/Generations.html.

Weber K. Outdoor adventure tourism: a review of research approaches[J]. Annals of Tourism Research,2002,28(2):360-377.

William C G,David W L. Trends in outdoor recreation leisure & tourism[M]. London: CABI Publishing,2000.

William H. 野外旅游:生态影响与经营管理[M].2版.孔刚,刘菊荣,郝文康,等译.哈尔滨:东北林业大学出版社,1991.

Williams S. Outdoor recreation and the urban environment[M]. London:Routledge,1995.

Wolfe R I. Perspective on outdoor recreation: a bibliographical survey[J]. Geographical Review,1964,54(2):203-238.

World S. A Short History of World Sailing[EB/OL].[2019-09-01]. https://www.sailing.org/about/history.php#.XWtn0PZuJpw.